하루하루
왕초보
영단어

하루하루
왕초보 영단어

개정판 1쇄 **발행** 2024년 4월 25일
개정판 1쇄 **인쇄** 2024년 4월 15일

저자	랭귀지북스 콘텐츠개발팀
기획	김은경
편집	이지영
디자인	IndigoBlue
성우	John Michaels
녹음	BRIDGE CODE

발행인	조경아		
총괄	강신갑		
발행처	**랭**귀지**북**스		
등록번호	101-90-85278	**등록일자**	2008년 7월 10일
주소	서울시 마포구 포은로2나길 31 벨라비스타 208호		
전화	02.406.0047	**팩스**	02.406.0042
이메일	languagebooks@hanmail.net		
MP3 다운로드	blog.naver.com/languagebook		

ISBN	979-11-5635-223-5 (13740)
값	14,000원

ⓒLanguagebooks, 2024

하루하루 왕초보 영단어

랭귀지북스

머리말

영단어 암기는 영어 공부의 기본이자 해결이 쉽지 않은
숙제입니다. 외워도 외워도 다시 외워야 하는 영단어를 완전히
내 것으로 만들기 쉽지 않습니다. 사전에 있는 단어를 외운 후,
뜯어내 씹어 먹고 싶은 심정입니다.

이 책은 다양한 영어 단어와 예문을 통해, 지루하지 않고
효율적으로 공부하는 방법을 제시합니다.

단어 책에서 얼마나 많은 양의 단어를 담았는지도 중요하지만,
쉽게 읽을 수 있는 와닿는 표현과 예문들이 수록되었는지도
중요합니다.

〈하루하루 왕초보 영단어〉는 영어 초보자가 쉽고 재미있게,
꾸준히 공부할 수 있게 중점을 두고 구성했습니다. 학습자의
영어 실력 향상에 보탬이 될 뿐만 아니라 즐거운 공부가 되길
바랍니다.

랭귀지북스 콘텐츠개발팀

이 책의 특징

1. 다양한 영단어를 알파벳 순서로 배치!

영어 학습자를 위한 필수 영단어를 다양하게 담았습니다. 알파벳순이라 찾기도 쉽고, 단어 순서로 연상하여 기억하기도 좋습니다.

2. 단어를 예문으로 바로 확인!

단어마다 짧고 유용한 예문을 달아 그 활용을 바로 확인할 수 있습니다. 단어를 쉽게 외우고, 실제 문장으로 말하는 데 도움이 됩니다.

3. 발음기호 & 한글 발음 표기로 쉽게 읽기!

단어마다 발음기호를 표기하여 사전이 없어도 바로 읽을 수 있습니다. 한글 발음을 함께 표기하여 초보자도 쉽게 읽을 수 있게 했습니다.

4. 미니테스트로 복습하기!

약 2,000개의 단어를 공부하면서 미니테스트로 나의 학습 정도를 확인합니다. 기억을 되살리며 복습할 수 있습니다.

5. MP3로 듣기 연습!

이 책에 나오는 영단어를 원어민의 정확한 발음으로 녹음한 파일을 제공합니다. 자주 듣고 큰 소리로 따라 하며 학습 효과를 높여 보세요.

차례

Contents

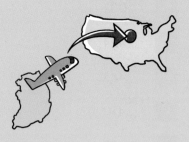

abandon
[əbǽndən] 어밴던

포기하다, 버리다

The car was found abandoned in a field.
그 차는 들판에 버려진 채 발견되었다.

abatement
[əbéitmənt] 어베잇먼트

감소, 감액, 폐지

abatement of taxes
부과세액의 사후 경감 조치

abnormal
[æbnɔ́ːrməl] 애브노멀

보통과 다른, 정상이 아닌

Maybe the child is abnormal.
아마 그 아이가 정상이 아닌 것 같다.

above
[əbʌ́v] 어버브

위에, ~이상으로

I am above the average in height and weight.
나는 신장과 체중이 평균을 넘는다.

abroad
[əbrɔ́ːd] 어브로드

외국으로, 해외에, 널리

We are preparing for a trip abroad.
우리는 해외여행 준비를 하고 있다.

absolute 절대적인
[ǽbsəlùːt] 앱설루트

She stressed the necessity of absolute secrecy.
그녀는 절대적인 비밀유지의 필요성을 강조했다.

absolutely 절대적으로, 무조건(으로), 단호히
[ǽbsəlúːtli] 앱설루틀리

I know absolutely nothing about that.
그 일에 대해서는 전혀 모른다.

absorb 흡수하다, 열중케 하다, (비용을) 부담하다
[æbsɔ́ːrb] 앱소브

I was absorbed in baseball.
나는 야구에 너무 빠졌다.

abundant 풍부한, 많은
[əbʌ́ndənt] 어번던트

The river is abundant in salmon.
그 강에는 연어가 많다.

abuzz 와글와글, 활기에 넘쳐
[əbʌ́z] 어버즈

If someone says that a place is abuzz with rumours or plans, they mean that everyone there is excited about them.
만일 어떤 장소가 소문들이나 계획들로 북적거린다면, 그것은 그곳의 모든 사람들이 그것들에 관해서 흥분해 있다는 말입니다.

academic
[ǽkədémik] 애커데믹

학원의, 대학의, 학문의, 학구적인

His academic achievement has undeniable worth.
그의 학문적인 업적은 부정할 수 없는 가치를 가지고 있다.

accelerate
[æksélərèit] 액셀러레잇

가속하다, 진척시키다, 촉진시키다

In our science class, we learn how falling bodies accelerate.
과학 수업에서, 우리는 어떻게 낙하하는 물체들이 가속되는가를 배운다.

accent
[ǽksent] 액센트

강세, 강음, 강조

You speak English without an accent.
마치 미국 사람처럼 영어 발음이 아주 좋으신데요.

accept
[æksépt] 액셉트

받아들이다, 수락하다, 맡다, (사태에) 순응하다

I'm pleased to accept his kind invitation.
나는 기꺼이 그의 친절한 초대에 응하게 되어 매우 기쁘다.

accessory
[æksésəri] 액세서리

부속물, 부속품, 액세서리

What sort of accessories do you have?
어떤 종류의 액세서리가 있습니까?

accident
[ǽksidənt] 액시던트

(돌발) 사고

There was an accident ahead.
앞에 교통사고가 있었다.

acclaim   갈채하다, 환호하다

[əkléim] 어클레임

    # The NBC sportscasters acclaimed every
    American victory in the Olympics and decried
    every American defeat.
    NBC 스포츠 보도자들은 올림픽에서 모든 미국의 승리는
    환호하고 미국의 패배는 비난했다.

acclimate   새 환경에 익숙해지다

[ǽkləmèit, əkláimit] 애클러메잇

    # It's not surprising that after so many years in
    the Marine Corps, he has found it difficult to
    become acclimated to civilian life.
    그렇게 여러 해 동안 해병대에 복무한 후, 그가 민간인
    생활에 적응하기가 어렵다고 생각하는 것은 당연하다.

accommodate   숙박시키다, 설비를 공급하다, 적응시키다

[əkámədèit] 어카머데잇

    # The famous hotel can accommodate up to
    500 guests.
    그 유명한 호텔은 손님을 500명까지 수용할 수 있다.

accommodation   숙박 시설, 좌석, 편의 시설

[əkàmədéiʃən] 어카머데이션

    # I look forward to hearing that you can
    provide this accommodation.
    귀사가 이번 숙소를 마련할 수 있다는 말을 듣기를
    고대합니다.

accompany 동반하다, 배웅하다, 반주를 하다
[əkʌ́mpəni] 어컴퍼니

He was accompanied by his girl friend.
그는 자기 여자 친구와 같이 있었다.

accomplishment 성취, 완성, 업적, 교양
[əkʌ́mpliʃmənt] 어컴플리시먼트

His accomplishment surpassed expectations.
그의 업적은 사람들의 예상보다 더 훌륭했다.

accord 일치하다, 조화하다
[əkɔ́:rd] 어코드

My views are in accord with his.
내 의견은 그의 의견과 일치한다.

accordingly 그러므로, 따라서
[əkɔ́:rdiŋli] 어코딩리

Our pricing is based on quantity and total volume and will be discounted accordingly.
가격은 주문량과 총금액에 근거로 하며 그에 따라서 할인이 됩니다.

account 계산, 계정, 계좌, 보고, 설명, 이유, 고려
[əkáunt] 어카운트

Can you set it up so that payments are taken out of my account automatically?
이 통장에서 자동이체 되도록 해 주시겠어요?

I opened an account with the bank today.
나는 오늘 은행에 계좌를 열었다.

accurate 정확한, 정밀한
[ǽkjərit] 애키어릿

The two languages are so dissimilar that an accurate translation is often impossible.
그 두 언어는 너무 달라서 정확한 번역이 종종 불가능하다.

accuse 고발하다, 고소하다, 비난하다
[əkjúːz] 어큐즈

The suspect is accused of highway robbery.
그 용의자는 노상강도의 혐의를 받고 있어요.

achieve 성취하다, (명성을) 얻다
[ətʃíːv] 어치브

He did everything within his power to achieve the goal.
그는 목표를 달성하기 위해 자기가 할 수 있는 모든 일을 다 했어요.

achievement 성취, 업적
[ətʃíːvmənt] 어치브먼트

This fact did not lessen her sense of achievement.
이 사실로 그녀의 성취감이 줄지는 않았다.

acknowledge 인정하다, 승인하다
[æknálidʒ, ik-, -nɔ́l-] 액날리지

He was acknowledge as America's finest writer.
그는 미국의 가장 훌륭한 작가로 인정받았다.

acquire
[əkwáiər] 어콰이어

손에 넣다, 몸에 익히다, 취득하다, 초래하다

I'm trying not to acquire a bad habit.
나쁜 버릇이 들지 않도록 노력하고 있다.

acquisition
[ækwəzíʃən] 애쿼지션

취득, 획득, 습득

The Whitney Museum continues to reflect the diversity of the art of the United States in all of its acquisitions.
위트니 박물관은 그 박물관의 모든 획득품에 있어서, 미국 미술의 다양성을 계속해서 반영한다.

acquit
[əkwít] 어쿠잇

석방하다, 무죄로 하다, 면제해 주다, 갚다

The statements of the prosecutor's witnesses were so vague that the judge felt compelled to acquit the accused.
검사 측 증인들의 증언이 너무 모호해서, 판사는 피고를 무죄 방면해야 하겠다는 생각이 들었다.

active
[æktiv] 액티브

활동적인, 적극적인

Most people don't know she is a grandmother because she is so active.
그녀가 매우 활동적이기 때문에 대부분의 사람들은 그녀가 할머니라는 것을 모른다.

activity
[æktívəti] 액티버티
활동, 활약

After school, I take part in extracurricular activities.
방과 후에, 나는 특별 활동에 참가한다.

adapt
[ədǽpt] 어댑트
적응시키다, 개작하다, 번안하다, 각색하다, 편곡하다

The refugees will have difficulty in adapting to alien culture.
그 난민들은 외국의 문화에 적응하는 데 어려움이 있을 것이다.

add
[æd] 애드
더하다, 추가하다, 합산하다, 덧붙여 말하다, 포함하다

I think you should add something more to the conclusion.
결말 부분에 좀 더 덧붙여야 할 것 같은데요.

addition
[ədíʃən] 어디션
추가, 부가, 덧셈

It makes a tasty addition to salads.
이것은 샐러드에 맛있는 추가물이 된다.

address
[ədrés] 어드레스
주소, 연설

Who gave the opening address?
누가 개회사를 했습니까?

adhere
[ædhíər] 애드히어

유착하다, 고수하다, 집착하다

\# He adheres too closely to the regulations.
그는 너무 고지식하게 규칙에 집착한다.

adjust
[ədʒʌ́st] 어저스트

(꼭) 맞추다, 조정하다, 조절하다, 적응하다

\# The body quickly adjusts to changes in temperature.
신체는 기온의 변화에 즉시 적응한다.

administer
[ædmínistər, əd-] 애드미니스터

관리하다, 지배하다, 통치하다, 집행하다

\# He administers a sales department of the company.
그는 그 회사의 영업부를 관리한다.

admire
[ædmáiər] 애드마이어

감탄하다, 찬탄하다, 칭찬하다, 숭배하다

\# I am admiring your clever dog.
나는 너의 영리한 개에게 감탄하는 중이다.

admission
[ædmíʃən, əd-] 애드미션

입장, 입학, 입국, 입장료, 승인

\# What documents are required for admission?
입학에 필요한 서류는 무엇입니까?

admit 허가하다, 승인하다, 자백하다, 인정하다
[ædmít, əd-] 애드밋

I hate to admit it but it's true.
인정하기는 싫지만 사실이다.

adolescence 청년기, 사춘기
[æ̀dəlésəns] 애덜레선스

As Pelle enters early adolescence, he faces a choice.
펠레가 청년기에 들어서자, 그는 선택에 직면하게 된다.

adopt 양자[양녀]로 삼다, 채용하다, 채택하다, 받아들이다
[ədɑ́pt] 어답트

Valjean adopts the girl as his daughter and gives her all his love and care.
발잔은 소녀를 딸로 삼고 사랑과 관심을 쏟는다.

adult 어른의
[ədʌ́lt, ǽdʌlt] 어덜트

They say kids learn English faster than adults.
아이들은 어른보다 영어를 더 빨리 배운다고 한다.

advanced 앞으로 나온, 진보한, 상급의, 고급의
[ædvǽnst, -vɑ́ːnst, əd-] 애드밴스트

Your English has advanced to an applauding extent.
당신의 영어 실력은 놀랄 만큼 발전했어요.

advantage 유리, 이익, 우세, 우월
[ædvǽntidʒ, -vάːn-] 애드밴티지

Every advantage has its disadvantage.
모든 유리함 속에는 불리함이 있다.

advertisement 광고, 선전, 통고, 공시
[ǽdvərtáizmənt] 애드버타이즈먼트

This advertisement is calculated to appeal to children.
이 광고는 어린이들의 관심을 끌도록 만들어진 것이다.

advice 충고
[ædváis, əd-] 애드바이스

Do you mind if I give you a bit of advice?
충고 하나 해도 될까요?

advise 충고하다, 알리다, 통지하다
[ædváiz] 애드바이즈

My teacher advised me to work hard.
선생님이 나에게 공부 열심히 하라고 조언해 주셨다.

affect ~에게 영향을 주다, 감동시키다
[əfékt] 어펙트

We may not be aware of the subliminal influences which affect our thinking.
우리는 우리의 사고에 영향을 미치는 잠재의식에 대해 모르는 것 같다.

affiliate
[əfílièit] 어필리에잇
가입시키다, 합병하다, 양자로 삼다

A number of local groups want to affiliate with the union.
많은 지역 단체가 그 조합에 가입하고 싶어 한다.

affluent
[ǽflu(:)ənt, əflú:-] 애플루언트
풍부한, 거침없이 흐르는

Consumer goods are a symbol of prestige in an affluent society.
소비 상품은 부유한 사회에 있어서 선망의 상징이다.

afoot
[əfút] 어풋
진행 중에, 계획되어, 활동하여, 일어서서

Great changes are afoot.
큰 변화가 계획되어 있다.

afraid
[əfréid] 어프레이드
두려워하는, 무서워하는, 걱정하는

It's quite normal for children to be afraid of the dark.
어린이들이 어둠을 무서워하는 것은 당연하다.

against
[əgénst] 어겐스트
향하여, 대해서, 반대하여, 대조하여

We would very much appreciate your checking this out against your records.
귀사의 기록과 대조하여 검토해 주시면 대단히 감사하겠습니다.

agenda
[ədʒéndə] 어젠더

예정표, 의사일정, 의제, 의식

\# Well, ladies and gentlemen, shall we turn to today's agenda?

자, 신사, 숙녀 여러분, 오늘의 의제로 들어갈까요?

agent
[éidʒənt] 에이전트

대행자, 대리점, 행위자, 정부관리, 병원체

\# We have much confidence that we can play an important part as a buying agent in your overseas trade.

폐사는 귀사의 해외 거래에 구매대리점으로서 큰 역할을 할 수 있다고 자부합니다.

aggressively
[əgrésivli] 어그레시블리

침략적인, 호전적인, 진취적인, 적극적인

\# The history illustrates how a President may aggrandize his power to act aggressively in international affairs without considering the wishes of Congress.

역사는 대통령이 국회의 요구를 고려하지 않고도 어떻게 국제 문제를 강력하게 조치할 권력을 강화할 수 있는가를 말해 준다.

agree
[əgrí:] 어그리

동의하다, 일치하다

\# Why can't we agree on anything?

우리는 왜 자꾸 엇갈리나요?

agreement 동의, 협약, 일치
[əgríːmənt] 어그리먼트

We couldn't reach an agreement on salary.
우리는 연봉협상에서 실패했어요.

agricultural 농업의
[æ̀grikʌ́ltʃərəl] 애그리컬처럴

More efficient use of modern farming technology could revolutionize the agricultural sector.
현대의 농업 기술을 더욱 효율적으로 이용하면 농업 분야의 혁신을 가져올 수 있을 것이다.

ahead 앞에, 앞으로
[əhéd] 어헤드

I work hard to get ahead of others.
난 다른 사람들보다 앞서기 위해 열심히 일한다.

aid 원조하다, 돕다
[eid] 에이드

I had to receive first aid.
난 응급 치료를 받아야 했다.

ailment 불쾌, 우환, (특히 만성적인) 병
[éilmənt] 에일먼트

During the winter, many people were incapacitated by respiratory ailments.
겨울에는 많은 사람들이 호흡기 질환으로 무력화된다.

aim
[eim] 에임

목표, 겨냥하다

You've got to aim high if you want to succeed.
성공하려면 목표를 높이 잡아야 한다.

aircraft
[έərkræ̀ft, -krɑ̀ːft] 에어크래프트

항공기

Passengers suffocated in the burning aircraft.
승객들은 불타는 비행기 안에서 질식해 숨졌다.

airmail
[έərmèil] 에어메일

항공우편(물)

What's the airmail postage to Japan?
일본까지 항공우편 요금은 얼마입니까?

alarm
[əlɑ́ːrm] 얼람

경보, 놀람

While I do not wish to alarm you, I will not minimize the danger if you refuse to have the children vaccinated.
당신을 놀라게 하고 싶지는 않지만, 아이들을 예방 접종시키지 않을 때 오는 위험을 과소평가하지는 않겠습니다.

allotment
[əlɑ́tmənt, əlɔ́t-] 얼랏먼트

분배, 할당, 배당, 몫

They have an allotment at the time of the IPO.
그들은 주식 상장(IPO) 때 할당된 주식이 있다.

allowance
수당, 급여, 용돈, 참작, 공제, 할인

[əláuəns] 얼라우언스

I spent all my allowance.
나는 용돈을 다 써 버렸다.

alone
홀로, 다만 ~뿐

[əlóun] 얼로운

The hairdresser left the top alone and trimmed the sides.
미용사가 위에는 그냥 두고 옆만 다듬었다.

Everyone went to the movies leaving me alone.
나만 빼놓고 모두 영화 보러 갔다.

alter
바꾸다, 변경하다

[ɔ́:ltər] 올터

This cannot be done without altering the basic sales price.
기본적인 판매 가격의 변경 없이는 요구에 응할 수 없습니다.

alternative
선택의 여지, 대안

[ɔ:ltə́:rnətiv, æl-] 올터너티브

I have no alternative.
저로서는 선택의 여지가 없군요.

amaze
깜짝 놀라게 하다

[əméiz] 어메이즈

I got to know amazing facts through the book.
그 책을 통해 놀라운 사실을 알게 되었다.

ambiguous 애매모호한
[æmbígjuəs] 앰비규어스

His closing words were deliberately ambiguous.
그의 마무리 멘트는 일부러 중의적으로 표현되었다.

ambitious 야심찬
[æmbíʃəs] 앰비셔스

The marketing plan is our most ambitious one ever.
그 마케팅 안은 지금까지 우리가 내놓았던 것 중에서 가장 야심 찬 계획이다.

amendment 변경, 개선, 교정
[əméndmənt] 어멘드먼트

She made a few amendments to the letter.
그녀는 그 편지에 몇 가지 수정을 했다.

amount 총계, 총계가 ~에 달하다, ~에 해당하다, 결국 ~이 되다
[əmáunt] 어마운트

Her earnings are said to amount to $4,000 per month.
그녀의 소득은 월 4천 달러에 달한다고 한다.

amusement 즐거움, 오락
[əmjú:zmənt] 어뮤즈먼트

We went on a picnic to an amusement park.
우리는 놀이공원으로 소풍을 갔다.

analysis 분석, 분해

[ənǽləsis] 어낼러시스

\# The analysis of the food showed the presence of poison.

그 음식물을 분석한 결과 독이 있음이 드러났다.

animation 생기 넘침, 만화

[ǽnəméiʃən] 애너메이션

\# I could see Eleanor talking, with great animation, to Donald.

나는 엘리노어가 대단히 활기 있게 도널드에게 이야기하고 있는 것을 볼 수 있었다.

anniversary (해마다의) 기념일, 매년의

[ǽnəvə́ːrsəri] 애너버서리

\# Yesterday was our parent's wedding anniversary.

어제는 우리 부모님의 결혼기념일이었다.

annotate 주석을 달다

[ǽnətèit] 애너테잇

\# Annotate the works of Milton.

밀턴의 작품에 주석을 달다.

announce 알리다, 공고하다, 공표하다

[ənáuns] 어나운스

\# I'm pleased to announce that everybody got good results.

모두가 좋은 성적을 얻었다고 발표하게 되어 기쁘군요.

annual
[ǽnjuəl] 애뉴얼

일 년의, 일 년에 걸친, 매년의

Sports Day is a part of the annual school program.
체육 대회는 학교의 연중행사이다.

Antarctica
[æntάːrktikə] 앤타크티커

남극 대륙

Is there any life on the Antarctica?
남극 대륙에는 어떤 생물이 있습니까?

anticipate
[æntísəpèit] 앤티서페잇

예상하다, 기대하다

Yes, business picked up much faster than we anticipated.
네, 사업이 기대했던 것보다 훨씬 빨리 컸어요.

aperture
[ǽpərtʃùər, -tʃər] 애퍼츄어

구멍, 틈, 카메라 조리개

The aperture of a camera is the size of the hole through which light passes to reach the film.
카메라의 조리개는 필름에 도달하기 위해 빛이 통과하는 구멍의 크기이다.

apology
[əpάlədʒi, əpɔ́l-] 어팔러지

사죄, 사과, 변명

He accepted my apology.
그가 나의 사과를 받아들였다.

apparent 명백한, 뚜렷한, 겉보기에는
[əpǽrənt, əpέər-] 어패런트

Don't misconstrue his apparent indifference.
겉으로는 무관심한 그의 태도를 오해하지 말라.

appeal 호소하다, 상소하다, 항소하다, 흥미를 끌다
[əpíːl] 어필

This advertisement is calculated to appeal to children.
이 광고는 어린이들의 관심을 끌도록 만들어진 것이다.

appear 나타나다, ~로 보이다
[əpíər] 어피어

I was so surprised because he appeared at the party.
그가 파티에 나타나서 깜짝 놀랐다.

appease 달래다, 진정시키다
[əpíːz] 어피즈

In ancient times, people sacrificed animals, and even human beings, to appease the gods.
옛날에 사람들은 신들을 달래느라 동물, 심지어 사람까지도, 제물로 바쳤다.

append 걸다, 붙이다, 첨부하다
[əpénd] 어펜드

I shall append this chart to my report.
나는 보고서에 이 도표를 첨부할 것이다.

appliance 적용, 응용, 기구, 장치, 설비
[əpláiəns] 어플라이언스

\# Which way is the electric appliances?
전자 제품 매장은 어느 쪽입니까?

applicant 응모자, 지원자, 신청자
[ǽplikənt] 애플리컨트

\# As the wages were low, there were few
applicants for the job.
임금이 낮아서 그 일자리에는 지원자가 거의 없었다.

apply 적용하다, 이용하다, 신청하다, 지원하다, 문의하다
[əplái] 어플라이

\# It doesn't apply to you.
당신한테는 해당되지 않아요.

appoint 지명하다, 임명하다, 지정하다, 약속하다
[əpɔ́int] 어포인트

\# She wasn't there at the appointed time.
그녀는 약속된 시간에 거기 있지 않았다.

appointment 임명, 지정, 약속
[əpɔ́intmənt] 어포인트먼트

\# I couldn't attend the party owing to a
previous appointment.
선약이 있어서 그 파티에 참석하지 못했다.

appraisal   평가, 감정, 견적
[əpréizəl] 어프레이절

Excuse me, do you do appraisals here?
실례합니다. 여기서 감정하나요?

appreciate   평가하다, 감사하다, 감상하다
[əprí:ʃièit] 어프리시에잇

I appreciate the teacher's advice.
선생님의 충고에 감사드린다.

approach   ~에 접근하다, 접근법, 방식
[əpróutʃ] 어프로우치

In contrast to earlier approaches, the new technique does not require the use of water as a coolant.
이전의 방식과는 달리, 신기술을 이용하면 물을 냉각제로 사용할 필요가 없다.

approve   승인하다, 찬성하다, 허가하다
[əprú:v] 어프루브

The city council approved the building plans.
시의회가 그 건축 계획들을 승인했다.

approximate   ~에 가까워지다, 대략의
[əprɑ́ksəmèit, -rɔ́k-] 어프락서메잇

What she said approximated to the truth.
그녀의 말은 사실에 가까웠다.

approximately 대략

[əprǽksəmèitli, -rɔ́k-] 어프락서메이틀리

> \# The plane will be landing in approximately 20 minutes.
> 비행기가 약 20분 후에 착륙할 예정입니다.

arbitration 중재, 조정, 재정, 중재 재판

[ɑ̀:rbitréiʃən] 아비트레이션

> \# Should you not agree to accept our proposal, we would like to settle by arbitration.
> 귀사가 당사의 제의를 수락하는 데 동의하지 않으시면, 중재에 의하여 해결하고자 합니다.

archeologist 고고학자

[ɑ̀:rkiɑ́lədʒist, -ɔ́-] 아키알러지스트

> \# When they unearthed the city, the archeologists found many relics of an ancient civilization.
> 그 도시를 발굴했을 때, 고고학자들은 고대 문명의 많은 유적들을 발견했다.

architect 건축가, 건축기사, 기획자, 창조자

[ɑ́:rkitèkt] 아키텍트

> \# Every man is the architect of his own fortune.
> 각자는 자기 운명의 개척자다.

argument 논의, 논증, 주장

[ɑ́:rgjəmənt] 아기어먼트

> \# There are strong arguments for and against capital punishment.
> 사형을 찬성하고 반대하는 강력한 주장들이 있다.

arrange
[əréindʒ] 어레인지

배열하다, 정리하다, 조정하다, 준비하다, 각색하다

There is no arranged seating.
지정석이 없습니다.

arrear
[əríər] 어리어

지체, 지불 밀림, 지불 잔금, 연체금

His rent is three months in arrears.
집세가 3개월 체납되어 있다.

arrest
[ərést] 어레스트

체포하다, 막다, 진행을 억제하다, 끌다

Her arrest produced an immediate reaction from the press.
그녀의 체포는 언론으로부터 즉각적인 반응을 일으켰다.

arrow
[ǽrou] 애로우

화살, 화살표

An arrow pointed the way to the meeting.
화살표가 회의장으로 가는 길을 가리키고 있었다.

arthritis
[ɑ:rθráitis] 아쓰라이티스

관절염

I seemed to be developing arthritis.
관절염에 걸린 것 같다.

article

[ɑ́ːrtikl] 아티클

한 품목, 물품, 기사, 논설, 조항

I had to read more than 10 articles before writing the paper.

그 보고서를 쓰기 전에 10개 이상의 참고 기사를 읽어야 했다.

ascertain

[æsərtéin] 애서테인

확인하다, 조사하다, 알아내다

Please give me a couple of days to ascertain the specifications of the model.

그 모델에 대한 명세를 확인할 수 있도록 며칠의 여유를 주세요.

ashamed

[əʃéimd] 어셰임드

부끄러이 여겨

Owing an old car is nothing to be ashamed of.

낡은 차를 가지고 있다는 것은 부끄러워할 것이 아니다.

aspect

[ǽspekt] 애스펙트

양상, 국면

I applied for the company because it had an aggressive aspect.

그 회사가 진취적인 면이 있어서 지원했다.

assassinate

[əsǽsənèit] 어새서네잇

암살하다, (명예 등을) 손상시키다

The prime minister was assassinated by extremists.

수상이 과격분자들에 의해 암살되었다.

A

assemble
[əsémbəl] 어셈벌

모으다, 집합시키다, 조립하다

\# We just assemble them and produce the complete products.
저희는 부품들을 조립해서 완제품을 생산하는 일만 합니다.

assembly
[əsémbli] 어셈블리

집회, 회합, 조립, 조립품

\# To realize assembly start-up by early next year, you must provide a properly executed letter of intent by July 5.
조립개시를 내년 초에 실시하기 위해서, 7월 5일까지 정확히 서명이 된 확약서를 보내 주셔야 합니다.

assert
[əsə́ːrt] 어서트

단언하다, 주장하다, 역설하다

\# The effects of nuclear war vary greatly, he asserted.
그는 핵전쟁의 영향이 매우 다양하다고 주장했다.

asset
[ǽset] 애셋

자산

\# I am sure he would be an asset to your organization.
그는 귀사의 귀중한 자산이 될 것임을 확신합니다.

assignment
[əsáinmənt] 어사인먼트

할당, 할당된 몫, 임무

\# This assignment's confidential.
이번 임무는 비밀입니다.

assistance 원조, 도움
[əsístəns] 어시스턴스

Feel free to contact them for further assistance.
도움이 더 필요하시면 부담 없이 그쪽으로 연락하시기 바랍니다.

assort 분류하다, 구색을 갖추다, 조화되다
[əsɔ́:rt] 어소트

It well assorts with his character.
그것은 그의 성격과 잘 맞는다.

assortment 유별, 분류, 모음, 종합
[əsɔ́:rtmənt] 어소트먼트

We have quite an assortment of stuffed animals and dolls.
봉제 동물과 인형이 골고루 있어요.

assume 취하다, 떠맡다, 추정하다, ~인 체하다
[əsjú:m] 어숨

Since this delay is beyond our control, we cannot assume any liability.
이번 지연은 당사의 통제 밖의 문제이므로, 어떤 책임도 질 수 없습니다.

assurance 보증, 보장, 확신, 장담
[əʃúərəns] 어슈어런스

In spite of all his assurances, he did not come back.
그렇게 장담을 하고서도, 그는 돌아오지 않았다.

astronomical　천문학의, 천문학적인
[æ̀strənámikəl] 애스트러나미컬

　　　　# He's been offered an astronomical salary.
　　　　그는 천문학적인 급료를 제의받았다.

atmosphere　대기, 대기권, 분위기, 기분, 기압
[ǽtməsfìər] 앳머스파이어

　　　　# We could feel a festive atmosphere.
　　　　우리는 축제 분위기를 느낄 수 있었다.

attach　붙이다, ~을 첨부하다, 부여하다, 주다, 구속하다
[ətǽtʃ] 어태치

　　　　# I have grown quite attached to you.
　　　　그동안 당신과 정이 많이 들었습니다.

attack　공격하다, 비난하다, 침범하다, 침식하다, 부식하다
[ətǽk] 어택

　　　　# Attack is the best defence.
　　　　공격이 최선의 방어이다.

attempt　시도하다
[ətémpt] 어템트

　　　　# Several attempts to correct the problem met
　　　　with failure.
　　　　문제 해결을 위한 몇몇 시도가 실패로 돌아갔다.

attend　출석하다, 수반하다, 시중들다, 경청하다
[əténd] 어텐드

　　　　# Most students attended the Sports Day.
　　　　대부분의 학생들이 체육 대회에 참가했다.

attention
[əténʃən] 어텐션

주의, 응급처치, 응대, 배려, 차려 자세

\# I didn't pay attention to the teacher.
선생님의 말씀에 주의를 기울이지 않았다.

attorney
[ətə́:rni] 어터니

대리인, 변호사, 검사

\# The attorney called in his secretary and his partner to witness the signature of the testator.
변호사는 유언자가 서명하는 것을 보도록 그의 비서와 동료를 불렀다.

attract
[ətrǽkt] 어트랙트

마음을 끌다, 끌어당기다, 매혹하다

\# His new book has attracted a lot of attention.
그의 새 책은 많은 관심을 모았다.

attractive
[ətrǽktiv] 어트랙티브

매력적인, 관심을 끄는

\# I regret to inform you that I cannot accept the position, since I have received another, more attractive offer.
다른 쪽의 좀 더 매력적인 제안을 받아서, 이 직위를 받아들일 수 없게 됨을 통고하게 되어 유감입니다.

auction
[ɔ́:kʃən] 옥션

경매, 공매

\# Some names are being sold through Web auction sites.
어떤 이름들은 웹 경매 사이트에서 팔리고 있는 중이다.

auctioneer 경매인
[ɔ́:kʃəníər] 옥셔니어

"Any advance on $200," called the auctioneer.
"200불 이상 제시하실 분" 하고 경매인이 외쳤다.

audience 청중, 관객, 청취
[ɔ́:diəns] 오디언스

The comedy left the audience in the aisle.
그 코미디는 관객을 웃음바다로 몰아넣었다.

authentic 진짜의, 믿을 만한, 인증된
[ɔːθéntik] 오쎈틱

The dealer sells authentic stamps, not fakes.
그 상인은 가짜가 아닌 진짜 우표만 판매한다.

author 저자, 작가, 작품
[ɔ́:θər] 오써

In this book, the author depicts the slave owners as kind and benevolent masters.
이 책에서 작가는 노예 소유자들을 착하고 자비심 있는 주인으로 묘사하고 있다.

automatic 자동의
[ɔ́:təmǽtik] 오터매틱

Does it come with automatic transmission?
그것은 자동 변속기를 갖추고 있나요?

automatically 저절로, 자동으로
[ɔ́:təmǽtikəli] 오터매티컬리

\# Just set the timer at the start, and it goes off automatically.
타이머를 시작 부분에 놓으면, 자동적으로 꺼집니다.

autograph 자필, 친필
[ɔ́:təgræf, -grɑ̀:f] 오터그래프

\# May I have your autograph, please?
사인해 주십시오.

available 이용할 수 있는
[əvéiləbəl] 어베일러벌

\# I'd like to know if a single room is available for tonight.
오늘 밤 싱글 룸을 쓸 수 있는지 알고 싶은데요.

average 평균(치)
[ǽvəridʒ] 애버리지

\# My monthly allowance is 300,000 won on average.
나의 한 달 용돈은 평균 30만 원이다.

avoid 피하다, 회피하다, 무효로 하다, 취소하다
[əvɔ́id] 어보이드

\# I try to avoid bad company.
나쁜 친구는 피하려고 한다.

await
[əwéit] 어웨잇

기다리다

We await your early advice of shipment.
귀사의 조속한 선적 통지를 기다리겠습니다.

award
[əwɔ́:rd] 어워드

상, 상금, 수여하다

The award ceremony is going to be televised live.
그 시상식은 생방송으로 텔레비전 중계될 것입니다.

aware
[əwɛ́ər] 어웨어

깨닫고, 의식하고, 알고 있는

I wasn't aware of the time.
시간 가는 줄 몰랐어요.

awesome
[ɔ́:səm] 오섬

두려운, 무서운, 경외하고 있는

The multiplicity of the insect world is awesome.
곤충 세계의 다양성은 무서울 정도이다.

awful
[ɔ́:fəl] 오펄

두려운, 무시무시한, 경외를 느끼게 하는

Even more awful, he has been contemplating suicide.
더욱 끔찍한 것은, 그가 자살을 생각하고 있다는 것이다.

MINI TEST

1. 우리는 **해외여행** 준비를 하고 있다.

We are preparing for a trip _____ .

2. 내 의견은 그의 의견과 **일치한다**.

My views are in _____ with his.

3. 선생님이 나에게 공부 열심히 하라고 **조언해** 주셨다.

My teacher _____ me to work hard.

4. 난 다른 사람들보다 **앞서기** 위해 열심히 일한다.

I work hard to get _____ of others.

5. 우리는 **놀이공원**으로 소풍을 갔다.

We went on a picnic to an _____ park.

6. 당신한테는 **해당되지** 않아요.

It doesn't _____ to you.

7. 선생님의 충고에 **감사드린다**.

I _____ the teacher's advice.

8. 나의 한 달 용돈은 **평균** 30만 원이다.

My monthly allowance is 300,000 won on _____ .

---

1. abroad **2.** accord **3.** advised **4.** ahead
5. amusement **6.** apply **7.** appreciate **8.** average

backdrop 배경
[bǽkdràp, bǽkdrɔ̀p] 백드랍

\# I think we should paint this backdrop red for the scene.
내 생각에 우리는 이 장면에서 무대 배경을 빨간색으로 하는 것이 좋겠어요.

background 배경
[bǽkgràund] 백그라운드

\# This picture was taken with the background of the Han River.
이 사진은 한강을 배경으로 찍었어요.

bake 구움, 굽기
[beik] 베익

\# The bakery turns out a huge daily bake of bread.
그 제빵소에서는 매일 많은 빵을 구워 낸다.

balloon 기구, 풍선
[bəlúːn] 벌룬

\# Air leaked out of the balloon.
풍선에서 공기가 빠져나갔다.

ballot
[bǽlət] 밸럿

투표, 입후보자 명단

\# They reformed the voting system, and introduced a secret ballot.
그들은 투표 방식을 바꾸어, 비밀 투표제를 도입했다.

ban
[bæn] 밴

금지, 파문, 추방

\# The film was banned.
그 영화는 상영 금지가 되었다.

band
[bænd] 밴드

그룹, 무리, 악대, 악단, 끈, 밴드, 줄무늬

\# I play the clarinet in the school band.
나는 학교 밴드에서 클라리넷을 분다.

bankruptcy
[bǽŋkrʌptsi, -rəpsi] 뱅크럽시

파산, 도산

\# The company is threatened with bankruptcy.
그 회사는 도산의 위협을 받고 있다.

baron
[bǽrən] 배런

남작(최하위의 귀족), 거물

\# He worships the memory of his father, an army officer made a baron by the gift of Napoleon.
그는 나폴레옹에 의해 남작이 된 장교인 아버지에 대한 추억을 흠모하고 있다.

base
[beis] 베이스

~의 기초를 형성하다, ~에 근거하다

\# After putting a make up base, I applied lipstick.
기본 화장을 하고, 립스틱을 발랐다.

B

basis
[béisis] 베이시스

기초, 토대, 원리, 원칙

\# Can I pay this on a monthly basis?
할부로 지불할 수 있습니까?

bay
[bei] 베이

만

\# The project reclaimed land that had been a large bay.
그 사업은 과거 커다란 만이었던 지대를 개간하는 것이었다.

bear
[bɛər] 베어

견디다, 나르다, 가져오다, 몸에 지니다

\# I had to bear the cold.
추위를 견뎌야 했다.

beef
[biːf] 비프

쇠고기

\# Beef doesn't agree with me.
저는 쇠고기를 못 먹습니다.

behalf
[bihǽf, -hάːf] 비해프

측, 편, 이익

The Chicago Bank will accept your draft on our behalf.
시카고 은행이 당사를 대신해서 귀사의 환어음을 처리해 줄 것입니다.

behavior
[bihéivjər] 비헤이비어

행동

I guess from his behavior that he is a honest person.
그의 행동으로 보아 그는 정직한 사람이라고 생각된다.

below
[bilóu] 빌로우

~의 아래에

I think I'm below the average.
나는 평균보다 아래라고 생각한다.

beneath
[biníːθ, -níːð] 비니쓰

~의 아래에, ~의 밑에, ~ 이하

It is beneath criticism.
그것은 평할 가치가 없다.

benefactor
[bénəfæ̀ktər] 베너팩터

은인, 후원자, 기증자, 기부자

The benefactor was generous to the school.
그 후원자는 학교에 관대했다.

benefit 이익
[bénəfit] 베너핏

#We hope that you will be able to join us at this conference, and give us the benefit of your presence.
당사는 귀하가 이 회의에 참석하기를 바라며, 귀하의 경험으로 저희에게 도움이 되기를 바랍니다.

bet 내기, 단언하다, 보증하다
[bet] 벳

#Let's bet for sodas.
음료수 내기해요.

beverage 음료
[bévəridʒ] 베버리지

#Our flight attendants will be providing complimentary beverage service once we are airborne.
비행기가 정상궤도에 이르게 되면 승무원들이 무료 음료를 제공해 드릴 것입니다.

beware 조심하다, 주의하다, 경계하다
[biwéər] 비웨어

#Beware of the wolf in sheep's clothing.
양가죽을 쓴 늑대를 조심하라.

beyond ~의 저쪽에, ~을 넘어서
[bijánd, -jɔ́nd] 비얀드

#It's beyond that tall building.
저 큰 빌딩 너머에 있습니다.

bidding
[bídiŋ] 비딩

명령, 입찰, 입후보, 초대

The bidding for the contract was highly competitive.
그 계약은 입찰 경쟁이 치열했다.

bilingual
[bailíŋgwəl] 바이링궐

두 나라 말을 하는, 2개 국어를 병용하는

The bilingual teacher helped the student.
2개 국어를 구사하는 선생님은 그 학생에게 도움이 되었다.

bill
[bil] 빌

계산서, 청구서, 전단, 벽보, 법안, 어음

The bill you enclosed has been routed to our accounting department for payment.
보낸 청구서는 경리부로 넘겨 지불토록 조치하였습니다.

billion
[bíljən] 빌리언

10억

China's populations flew over one billion.
중국의 인구는 10억을 넘었다.

biology
[baiɑ́lədʒi] 바이알러지

생물학

We studied the skeleton in biology class.
우리는 생물 수업 시간에 골격에 대해 공부했다.

blade
[bleid] 블레이드

칼날, 풀잎

A sword is a short-handed, long-bladed weapon, similar to a dagger but larger.
검은 짧은 손잡이에 긴 날을 가진 무기인데, 단검과 비슷하지만 더 크다.

blame
[bleim] 블레임

비난하다, ~의 책임으로 돌리다

He must be pure who blames another.
남을 책망하는 자는 스스로가 순결해야 한다.

blank
[blæŋk] 블랭크

공백의, 텅 빈

Be sure to fill in the blanks from top to bottom beforehand.
반드시 모든 공란을 빠짐없이 미리 기입해 주십시오.

blazing
[bléiziŋ] 블레이징

불타는, 불타는 듯한, 강렬한

We quickly grew tired in the blazing sunshine.
쨍쨍 내리쬐는 햇볕에서 우리는 금방 지쳤다.

bleed
[bli:d] 블리드

출혈하다, 큰돈을 지불하다

I'm glad that it stopped bleeding.
출혈이 멈춰서 다행입니다.

blend
[blend] 블렌드

섞다, 혼합하다

\# I blended milk and butter into the flour.
나는 밀가루에 우유와 버터를 잘 섞었다.

blind
[blaind] 블라인드

눈먼, 막다른

\# I am blinded by love.
나는 사랑에 눈이 멀었다.

block
[blɑk, blɔk] 블락

큰 덩이, 건축용 석재, 구획, 막다, 방해하다

\# It's two blocks from here.
여기에서 두 블록 떨어져 있다.

blueprint
[blú:print] 블루프린트

청사진, 설계도, 계획

\# Show us on the blueprints.
청사진을 보여 주세요.

board
[bɔ:rd] 보드

타다, 하숙시키다, 널빤지

\# Your flight will board at gate number twenty in one and a half hours.
1시간 반 후 20번 게이트에서 당신의 비행기가 떠납니다.

boast 자랑하다, 떠벌리다
[boust] 보우스트

\# I'm not boasting but I think I was born with it.
자랑하는 것은 아니지만 그걸 타고난 거 같아.

B

bomber 폭격기, 폭격수, 폭파범
[bámə:r, bɔ́m-] 바머

\# The bombers swooped (down) on the air base.
폭격기가 그 공군 기지를 급습했다.

bond 묶는 것, 끈, 접착제, 유대, 결속, 동맹, 증서, 계약서
[band, bɔnd] 반드

\# We've got a bond growing here.
우리는 유대감이 강해지고 있습니다.

bonus 상여금, 보너스, 특별 수당
[bóunəs] 보우너스

\# The promise of a bonus acted as an incentive to greater effort.
보너스를 주겠다는 약속이 더 많은 노력을 기울이게 하는 데 자극이 되었다.

bookkeeper 회계 장부 담당자, 경리 직원
[búkkì:pər] 북키퍼

\# He's a bookkeeper.
그는 경리 직원이에요.

booklet
[búklit] 부클릿

소책자, 팸플릿

\# I need a booklet of stamps.
우표 팸플릿 하나 주세요.

boom
[bu:m] 붐

쿵 하는 소리, 인기 상승, 급속한 발전

\# A wise investor, she had the foresight to buy land just before the current real estate boom.
현명한 투자가인 그녀는 현재의 부동산 붐이 있기 전에 땅을 사 두는 예지를 가졌다.

boost
[bu:st] 부스트

격려하다, 밀어주다, 후원하다

\# I was trying to give you a boost.
전 당신 기운을 북돋아 주려고 했어요.

booth
[bu:θ] 부쓰

노점, 매점, 공중전화 부스, 초소

\# I have to stand in line in front of the ticket booth to get a ticket.
표를 사려면 매표구 앞에서 줄을 서야만 한다.

border
[bɔ́:rdə:r] 보더

테두리, 가장자리, 경계, 국경

\# We'll be safe once we've escaped across the border.
일단 국경선을 탈출하면 안전할 것이다.

borrow
[bárou] 바로우

빌리다, 차용하다, 돈을 꾸다, 모방하다, 표절하다

\# I had to borrow money on my card.
카드로 현금 서비스를 받아야 했다.

bother
[báðə:r] 바더

~을 괴롭히다, ~에게 폐를 끼치다

\# I don't want to bother you.
폐를 끼치고 싶지 않습니다.

bottle
[bátl, bɔ́tl] 바틀

병, 술

\# Let's discuss the matter over the bottle.
술 한잔하면서 그 일을 의논합시다.

bottom
[bátəm, bɔ́t-] 바텀

밑바닥

\# Twelve dollars fifty cents is our rock bottom price.
12달러 50센트가 저희 쪽의 가능한 최저 가격입니다.

bound
[baund] 바운드

경계, 경계선, 범위, 튀기다, 제본한

\# South-bound routes of major expressways, however, were uncongested.
그러나 주요 고속도로의 하행선은 심하게 밀리지 않았다.

B

branch 나뭇가지, 지점
[bræntʃ, brɑːntʃ] 브랜치

The light was suspended from the branch of the tree.
나뭇가지에 등이 매달려 있었다.

brand 상표
[brænd] 브랜드

He buys only name-brand products.
그는 유명 상표만 산다.

breast 가슴, 유방
[brest] 브레스트

Her breast swelled with pride.
그녀는 자랑스러워 가슴이 뿌듯해졌다.

breathe 호흡하다, 숨을 쉬다
[briːð] 브리드

I had a lot of trouble breathing.
숨쉬기가 매우 어려웠다.

breed 새끼를 낳다, 양육하다, 품종
[briːd] 브리드

This dog is a rare breed.
이 개는 희귀한 품종이다.

bribe 뇌물
[braib] 브라이브

He admitted taking bribes.
그는 뇌물을 받았다고 인정했다.

bride 신부
[braid] 브라이드

The munificent gift was presented to the bride by her rich uncle.
신부의 부자 삼촌이 신부에게 후한 선물을 주었다.

bring 가져오다, 데려오다, 초래하다, 제기하다
[briŋ] 브링

You're not allowed to bring food in here.
이곳은 음식물 반입금지 구역입니다.

brisk 활발한, 기운찬
[brisk] 브리스크

We expect a brisk demand for this line of goods soon.
이런 종류의 상품의 수요가 곧 활발해질 것이라 예상됩니다.

broadcast 방송하다, 방영하다
[brɔ́ːdkæst, -kɑ́ːst] 브로드캐스트

There was a simultaneous broadcast of the trial on the radio and the TV.
라디오와 TV에서 그 재판에 관해 동시에 방영했다.

brochure   소책자, 팸플릿

[brouʃúər, -ʃə́:r] 브로우슈어

When replying, please include a copy of your current brochure.
회신하실 때, 귀사의 최근 브로셔를 함께 보내 주시기 바랍니다.

First of all, I read a brochure for international students.
우선, 외국 학생을 위한 안내 책자를 읽었다.

broil   불에 굽다, 타는 듯이 덥다

[brɔil] 브로일

It'll get too hot when it's broiled here at our table.
여기 테이블에서 구워 먹으면 너무 더울 것 같은데요.

broker   중개인, 증권 중개인

[bróukər] 브로우커

Interest rates had been climbing for weeks before Mr. Brodsky's broker notified him.
중개인이 브로드스키 씨에게 귀띔해 주기 몇 주 전부터 금리가 오르고 있었다.

brown   갈색

[braun] 브라운

I want to dye my hair brown.
머리를 갈색으로 염색하고 싶다.

brush
[brʌʃ] 브러시

솔, 솔질, 붓, 작은 싸움

She had a nasty brush with her boss this morning.
그녀는 오늘 아침에 사장과 불쾌한 언쟁이 있었다.

budget
[bʌ́dʒit] 버짓

예산, 예산안

This price is just good for my budget.
가격이 제 예산에 꼭 알맞군요.

buffet
[bəféi] 버페이

뷔페

I think the buffet is good to eat as much as what I want.
원하는 만큼 많이 먹으려면 뷔페가 좋은 것 같다.

bureaucracy
[bjuərɑ́krəsi] 뷰어락러시

관료제, 관료정치, 관료주의

We need to reduce paperwork and bureaucracy in the company.
회사 내에서 서류 작업과 관료주의를 줄일 필요가 있다.

burglar
[bə́:rglər] 버글러

강도

They said that a burglar broke into the next office yesterday.
어제 옆 사무실에 도둑이 들었대요.

bust
[bʌst] 버스트

흉상, 상반신, (여성의) 앞가슴, 부서지다

\# Sorry to bust up your day.
당신의 하루를 망쳐서 미안해요.

button
[bʌtn] 버튼

단추

\# My coat button came off.
코트의 단추가 떨어졌다.

buyback
[báibæ̀k] 바이백

되사기, 주식 환매

\# Jeroz announced that its board of directors
has authorized the buyback of $ 1 billion of
its stock shares.
제로즈는 이사회가 주식 10억 달러를 되사는 데 찬성했다고
발표했습니다.

buzz
[bʌz] 버즈

윙윙거리다, 소란 떨다, 바쁘게 돌아다니다, 떠돌다

\# My palms sweat and my ears buzz.
손바닥에 땀이 나고 고함 소리로 귀가 윙윙거린다.

buzzer
[bʌzər] 버저

윙윙거리는 벌레, 사이렌, 버저

\# You should have pushed the buzzer.
버저를 누르셨어야죠.

1. 그 회사는 **도산**의 위협을 받고 있다.

The company is threatened with   .

2. 추위를 **견뎌야** 했다.

I had to   the cold.

3. 그의 **행동**으로 보아 그는 정직한 사람이라고 생각된다.

I guess from his   that he is a honest person.

4. 양가죽을 쓴 늑대를 **조심하라.**

                 of the wolf in sheep's clothing.

5. 나는 밀가루에 우유와 버터를 잘 **섞었다.**

I   milk and butter into the flour.

6. 나는 사랑에 눈이 **멀었다.**

I am   by love.

7. **폐를 끼치고** 싶지 않습니다.

I don't want to   you.

8. 가격이 제 **예산**에 꼭 알맞군요.

This price is just good for my   .

1. bankruptcy   **2.** bear   **3.** behavior   **4.** Beware
5. blended   **6.** blinded   **7.** bother   **8.** budget

cab 택시
[kæb] 캡

Grab a cab and come right on over.
택시를 잡아타고 이쪽으로 곧장 오십시오.

cafeteria 구내식당
[kæ̀fitíəriə] 캐피티어리어

The cafeteria offers fast food, a salad bar,
ice cream, and a regular meal of the day.
구내식당에서는 패스트푸드, 샐러드바, 아이스크림, 그리고
그날의 정식을 제공한다.

calculate 계산하다, 추정하다, 평가하다
[kǽlkjəlèit] 캘키얼레잇

Oil prices are calculated in dollars.
기름 가격은 달러로 계산된다.

cancer 암
[kǽnsər] 캔서

Cancer had affected his lungs.
암이 그의 폐를 침범했다.

cancel   취소하다
[kǽnsəl] 캔설

\# I was just starting to get my teeth into the project when it was canceled.
내가 프로젝트에 몰두하려니 때마침 취소되었다.

candidate   후보자, 지원자
[kǽndidèit, -dit] 캔디데잇

\# He set out to betray the candidate.
그는 그 후보자를 배반하기 시작했다.

cap   덮다, 모자를 씌우다
[kǽp] 캡

\# The mountain was capped with snow.
산은 눈으로 덮여 있었다.

capability   할 수 있음, 가능성, 능력
[kèipəbíləti] 케이퍼빌러티

\# As the first step, we require extensive information on your overall capabilities.
첫 단계로, 귀사의 활동 영역 전반에 걸친 상세한 정보가 필요합니다.

capitalist   자본가, 자본주의, 자본주의자
[kǽpitəlist] 캐피털리스트

\# This is the essence of capitalist success.
이것이 자본주의 성공의 본질이다.

career
[kəríər] 커리어

경력, 이력, 직업

He launched a new career.
그 사람이 새로운 일을 시작했어요.

cargo
[kɑ́:rgou] 카고우

화물, 뱃짐, 싣다, 수송하다

The cargo is to be insured against All Risks.
이 화물은 전손담보 조건으로 가입해야 한다.

carriage
[kǽridʒ] 캐리지

탈것, 운반, 수송

He bundled his possessions into a carriage.
그는 소지품을 차 안에 던져 넣었다.

case
[keis] 케이스

경우, 사례, 사정, 입장, 소송사건, 작은 상자

Considering that this is a special and very rare case, we agree that it should be regarded as an exception.
이 건이 특수하고 매우 드문 경우임을 고려해 볼 때, 저희 역시 예외로 간주해야 된다는 것에 동의합니다.

cash
[kæʃ] 캐시

현금

I'd like to cash this check.
이 수표를 현금으로 바꾸고 싶습니다.

casualty
[kǽʒuəlti] 캐주얼티

사고, 재난, 사상자, 희생자, 부상자

It was a rare casualty.
그것은 좀처럼 일어나지 않는 불상사였다.

catalogue
[kǽtəlɔ̀:g] 캐털로그

목록, 카탈로그

Please send us three copies of your latest catalogue at your earliest convenience.
귀사의 최신목록 3부를 조속히 보내 주십시오.

cataract
[kǽtəræ̀kt] 캐터랙트

큰 폭포, 백내장(白內障)

In the woods there was a cataract.
그 숲속에 큰 폭포가 있었다.

catch
[kǽtʃ] 캐치

알아듣다, 이해하다, 잡다, 붙잡다, 걸리다

I didn't catch what you said.
나는 네가 말한 것을 이해 못 했어.

category
[kǽtəgɔ̀:ri, -gəri] 캐터고리

범주, 부류

It belongs in the same category as A.
그것은 A와 같은 부류에 속한다.

cathedral
[kəθí:drəl] 커씨드럴

성당, 대성당

Who was the architect of this Cathedral?
이 성당을 지은 건축가는 누구입니까?

caught
[kɔːt] 코트

잡다(catch의 과거, 과거분사)

The man was caught on tape taking a payoff.
그 남자가 뇌물을 받는 장면이 녹화 테이프에 잡혔어요.

caution
[kɔ́ːʃən] 코션

조심, 신중, 경고, 주의

The policeman cautioned me for speeding.
그 경찰관은 내게 속도위반이라고 경고를 주었다.

celebrate
[séləbrèit] 셀러브레잇

경축하다, 거행하다

We celebrate my birthday according to the lunar calendar.
우리는 생일을 음력으로 지낸다.

celebrated
[séləbrèitid] 셀러브레이티드

유명한, 유명인

The place is celebrated for its hot springs.
그곳은 온천으로 유명하다.

celebration
[sèləbréiʃən] 셀러브레이션

축하, 칭찬, 찬양

We gave a party in celebration of my grandfather's 60th birthday.
할아버지의 회갑을 축하하려고 파티를 열었다.

C

certificate

증명서

[sərtífəkit] 서티퍼킷

I showed my birth certificate to him.
나는 그에게 나의 출생증명서를 보여 주었다.

challenge

도전하다, 사죄를 요구하다, 조사하다, 논의하다

[tʃǽlindʒ] 챌린지

He looks for new challenges and tries to learn new things.
그는 새로운 도전거리들을 찾고 새로운 것들을 배우려고 노력한다.

The world is for those who keep on dreaming and challenging themselves.
세상은 꿈꾸는 자와 도전하는 자의 것이다.

chaos

혼돈, 무질서

[kéiɑs, -ɔs] 케이아스

What they're introducing is chaos in international affairs, and we condemn that in the strongest term.
그들이 소개하고 있는 것은 국제 사건의 무질서이며, 우리는 그것에 대해 단호하게 비난합니다.

character

특성, 인격, 성격, 문자, 등장인물

[kǽriktər] 캐릭터

My friend's character is opposite to mine.
내 친구의 성격은 나와 정반대다.

characteristic 특징, 특색을 이루는
[kæriktərístik] 캐릭터리스틱

Ambition is a characteristic of all successful businessmen.
성공한 모든 사업가의 특징은 야망이다.

charity 자비, 자선기금
[tʃǽrəti] 채러티

A generous man contributed some two billion yen to charity.
어떤 인심 좋은 사람이 대략 20억 엔을 자선 단체에 기부했다.

charming 매우 귀여운, 매우 재미있는, 매력적인
[tʃɑ́ːrmiŋ] 차밍

She put on a beautiful coat and looked charming.
그녀는 아름다운 코트를 입어서 매력적으로 보였다.

charge 짐을 싣다, 청구하다, 충전하다, 장전하다
[tʃɑ́ːrdʒ] 차지

I forgot to charge the battery.
전지 충전하는 것을 잊었다.

chatter 재잘재잘 지껄이다, 재잘거리는 소리
[tʃǽtər] 채터

I've had enough of your constant chatter.
너의 끊임없는 수다에 질렸다.

cheap
[tʃiːp] 치프

값이 싼

\# The Smiths spend an occasional night in a cheap hotel.
스미스 씨 부부는 가끔 하룻밤을 값싼 호텔에서 보낸다.

cheat
[tʃiːt] 치트

기만하다, 속이다, (시험) 부정행위를 하다

\# It makes my blood boil to think about how he cheated those people.
그가 사람들을 어떻게 속였는지 생각하면 분통이 터진다.

check
[tʃek] 첵

저지, 억제, 대조, 점검, 수표

\# Let me check with the publishing company.
출판사에 한번 알아볼게요.

checkup
[tʃekʌp] 체컵

건강진단

\# Sally goes to her doctor for regular checkups.
샐리는 정기 건강검진 하러 의사에게 간다.

cheer
[tʃíər] 치어

기운을 북돋우다, 기운이 나다

\# Cheer up, better times may be ahead.
기운 내, 더 나은 시절이 곧 올 거야.

chemical 화학의, 화학물질
[kémikəl] 케미컬

Hormones are chemicals made in the body that regulate body functions or achieve specific tasks.
호르몬들은 신체의 기능을 조절하거나 특별한 임무를 수행하는, 신체에서 만들어지는 화학물질이다.

chest 가슴, 대형 상자, 궤, 금고
[tʃest] 체스트

I made the sign of the cross on my chest.
가슴에 십자를 그리며 기도했다.

choke 숨 막히다
[tʃóuk] 초욱

Children can choke on peanuts.
아이들은 땅콩에 숨 막힐 수 있다.

chortle 기뻐서 (소리 없이) 웃다
[tʃɔ́ːrtl] 초틀

Jack chortled with delight.
잭은 기뻐서 웃었다.

chronological 연대순의, 연대학의
[krɑ̀nəlɑdʒikəl] 크라널라지컬

This chart is arranged in chronological order.
이 차트는 연대순으로 배열되어 있다.

circulation 순환, 유통, 발행 부수
[səːrkjəléiʃən] 서키얼레이션

Moderate exercise stimulates the blood circulation.
적절한 운동은 혈액 순환을 활발하게 한다.

citizenship 시민
[sítəzənʃip] 시터전십

Voting is a right of citizenship and obeying the laws is a duty of citizenship.
투표는 시민의 권리이고 준법은 시민의 의무이다.

claim 청구하다, 주장하다, 고소하다
[kleim] 클레임

Nobody believed his claim that he was innocent.
자신이 무죄라는 그의 주장을 아무도 믿지 않았다.

classification 분류, 분류법
[klǽsəfikéiʃən] 클래서피케이션

Proprietary classification must be requested by the business entity submitting the information.
정보를 제공하는 기업체가 영업비밀 분류를 요구해야 합니다.

clearance 제거, 정리, 허가, 허가서
[klíərəns] 클리어런스

The store was on clearance sale.
그 가게가 재고 정리 세일 중이었다.

click
[klík] 클릭

찰칵 소리가 나다, 클릭하다

The door clicked shut.
문은 찰칵 소리를 내며 닫혔다.

client
[kláiənt] 클라이언트

소송 의뢰인, 고객, 단골손님

She is one of my most valued clients.
그녀는 나의 최고 고객 중의 한 명이다.

climate
[kláimit] 클라이밋

기후, 풍토

How do you feel about the climate in Korea?
한국의 기후에 대해 어떻게 생각하세요?

climatic
[klaimǽtik] 클라이매틱

기후상의, 풍토적인

These terms are based on various factors including your climatic conditions and market related considerations.
이 조건들은 귀국의 기후 조건과 시장 상황 등 여러 가지 요인을 고려한 것들입니다.

clinic
[klínik] 클리닉

임상, 진료소, 진찰실, 부속 병원, 개인 병원

You know those posters for the city free clinic?
시에서 무료 진료해 준다는 포스터 본 적 있어요?

coastal 연안의, 해안의
[kóustəl] 코우스털

\# The only highway in and out of the coastal parish will be closed tonight.
이 해안 마을로 통하는 유일한 고속도로는 오늘 밤 폐쇄될 예정입니다.

code 규범, 관례, 암호
[kóud] 코우드

\# Clinics will be subject to a new code of conduct and stronger controls by local authorities.
진료소는 지방 당국에 의해 새로운 행동 규범과 더욱더 강한 통제를 받을 것이다.

coexist 같이 존재하다, 양립하다
[kòuigzíst] 코우이그지스트

\# Deficit can't coexist with surplus.
부족액은 잉여액과 양립할 수 없다.

coherent 명석한, 이치 있는, 이해하기 쉬운
[kouhíərənt] 코우히어런트

\# We had expected his presentation speech to be brilliant, but it turned out to be not even coherent.
우리는 그의 개회사가 훌륭할 것으로 기대했으나, 그것은 이해조차 되지 않았다.

collapse 붕괴
[kəlǽps] 컬랩스

The miners were buried alive when the tunnel collapsed.
동굴이 붕괴됐을 때 광부들은 산채로 파묻혔다.

colleague 동료, 동업자
[kɑ́liːg, kɔ́l-] 칼리그

Do you go for a drink after work with your Korean colleagues?
당신은 퇴근 후에 한국인 동료들과 한잔하러 갑니까?

collection 수집, 채집, 수금
[kəlékʃən] 컬렉션

Do you have a big collection?
많이 수집하셨어요?

college 단과대학, 대학
[kɑ́lidʒ, kɔ́l-] 칼리지

I have done most of my traveling when I was in college.
나는 대부분의 여행을 대학교 때 했어요.

column 기둥, 원주, 세로단, 칼럼
[kɑ́ləm, kɔ́l-] 칼럼

I love reading the gossip column.
나는 신문의 가십난 읽기를 좋아한다.

comb
[kóum] 코움

빗질하다, 빗

Dale combed his hair carefully.
데일은 그의 머리를 조심스럽게 빗질했다.

combat
[kámbæt, kám-] 캄뱃

전투, 싸움

For the hero of the film, combat is the ultimate experience that allows him to find his true self.
그 영화의 주인공에게 전투는 자신의 진정한 자아를 찾게 해 주는 궁극적 체험이다.

combination
[kàmbənéiʃən] 캄버네이션

결합, 화합

The doctor's treatment was a combination of surgery, radiation, and drugs.
의사의 치료는 수술, 방사선 그리고 약을 결합한 것이다.

combine
[kəmbáin] 컴바인

결합하다, 연합하다

The two countries combined against their common enemy.
두 나라는 그들의 공동의 적에 대항하여 연합했다.

Hydrogen and oxygen combine to form water.
수소와 산소는 결합하여 물을 만든다.

comfort
[kámfərt] 컴퍼트

위로, 위안, 안락

He gave me some words of comfort, when I was sad.
내가 슬퍼하자 그가 나에게 위로의 말을 해 주었다.

74

comfortable 편한, 위안의

[kʌ́mfərtəbəl] 컴퍼터벌

My grandmother makes us feel comfortable.
할머니는 우리를 편하게 해 주신다.

command 명령하다, 지휘하다, 제어하다, 전망하다

[kəmǽnd] 커맨드

It's better to use the shut-down command before turning off the power.
전원을 끄기 전에 시스템 종료 명령을 내리는 것이 좋다.

commander 지휘관, 사령관, 지도자

[kəmǽndər, -mɑ́ːnd-] 커맨더

It was the death of most trusted commander that sent Alexander over the edge.
그가 가장 신뢰하던 지휘관의 죽음이 알렉산더를 정신이상자로 만들었다.

commemorate 기념하다, 축하하다

[kəmémərèit] 커메머레잇

The epigraph commemorated John.
그 비문은 존을 기념하는 것이다.

commence 시작하다, 개업하다

[kəméns] 커멘스

We may now commence the meeting.
이제 회의를 시작해도 되겠군요.

commend 칭찬하다, 권하다, 추천하다, 맡기다, 위탁하다
[kəménd] 커멘드

I commend my son to you for whatever help you may be able to give him.
당신이 줄 수 있는 어떤 도움이라도 얻기 위해서 나의 아들을 당신에게 맡깁니다.

commensurate 같은 정도의, 상응한
[kəménʃərit] 커멘서릿

Your reward will be commensurate with your effort.
당신은 당신의 노력만큼 보상받을 것이다.

comment 논평, 주석, 해설, 소문, 평판, 의견을 말하다
[kɑ́ment] 카멘트

He often comments on the rumor of other's private life.
그는 종종 남의 사생활에 대한 소문에 관해 말을 한다.

commentary 논평, 비평, 실록, 회고록
[kɑ́məntèri] 카먼테리

The fact that so many people are still living in poverty is indeed a sad commentary on our civilization.
그렇게 많은 사람들이 아직 가난하게 살고 있다는 사실은 실제로 우리 문명에 대한 하나의 슬픈 비평이다.

commerce 상업, 무역, 거래, 교섭
[kάmərs, kɔ́m-] 카머스

E-commerce appears to offer a big bonus by eliminating hundreds of thousands of trips to the shopping mall.
전자상거래는 수많은 사람들이 쇼핑몰에 다녀가는 것을 없앰으로써 커다란 이익을 주는 것처럼 보인다.

commercial 상업의, 광고의, 광고
[kəmə́ːrʃəl] 커머셜

The pearls in edible clams and oysters are usually of poor quality and have no commercial worth.
식용 조개와 굴에 있는 진주는 보통 질이 나쁘고 상업적인 가치가 없다.

commit 위임하다, 회부하다, 범하다, 의사를 밝히다
[kəmít] 커밋

We're going to have to study the matter further, before committing ourselves.
입장을 밝히기 전에 좀 더 알아봐야 할 거예요.

commitment 범행, 수행, 위임, 공약, 서약, 매매 약정, 채무
[kəmítmənt] 커밋먼트

What are the prospects of getting a firm commitment from your side before that date?
그때까지는 귀사측의 확약을 받을 수 있을까요?

committee   위원회, 위원
[kəmíti] 커미티

The chairman of the committee tends to dominate.
그 위원회의 위원장은 지배하려는 경향을 가졌다.

commodity   일용품, 필수품, 물품
[kəmádəti, -mɔ́d-] 커마더티

We are primarily concerned about the shortage of commodities.
우리는 필수품의 부족을 제일 걱정하고 있다.

commune   이야기하다, 친하게 교제하다
[kəmjúːn] 커뮨

He's gone off alone into the mountains to commune with nature.
그는 자연과의 교감을 나누고자 혼자서 산에 갔다.

communicate   소통하다, 감염시키다, 통신하다
[kəmjúːnəkèit] 커뮤너케잇

He mingled only with fellow tourists and did not attempt to communicate with the native population.
그는 동료 여행가들과만 어울리고 원주민과는 소통하려 하지 않았다.

commute   통근하다, 대체하다
[kəmjúːt] 커뮤트

How long is your commute?
출퇴근 시간이 얼마나 걸립니까?

compact 빽빽하게 찬, 밀집한, 치밀한, 소형의, 간결한

[kəmpǽkt, kάmpækt] 컴팩트

The equipments in that case are packed in a
compact way.
그 상자 안의 장비들은 빽빽하게 담겨져 있다.

companion 동료, 상대, 동반자, 한 짝, 안내서

[kəmpǽnjən] 컴패니언

C

He is a companion of my misery.
그는 불행을 함께 나누는 친구이다.

The selfish man was despised by his
companions.
그 이기적인 남자는 동료들에게 멸시받았다.

company 회사, 친구, 떼

[kʌ́mpəni] 컴퍼니

I used to work for an international trade
company.
나는 국제 무역 회사에 근무했었다.

compare 비교하다, 비유하다

[kəmpέər] 컴페어

Their weapons of choice were comparing the
children.
그들의 최상의 무기는 자식을 비교하는 것이었다.

compel 억지로 시키다, 강요하다

[kəmpél] 컴펠

We shall be compelled to cancel our order if
the goods are not received by the end of next
week.
만약 물품이 다음 주 말까지 도착하지 않는다면 주문을
취소해야 합니다.

compensation 배상, 보상
[kàmpənséiʃən, kɔ̀m-] 캄펀세이션

The government pay only lip service to compensation for the subway accident.
정부는 지하철 사고 피해보상을 말로만 떠들고 있다.

compete 겨루다, 경쟁하다, 맞서다, 필적하다, 비견하다
[kəmpí:t] 컴피트

Two athletes are competing for the gold medal.
두 선수가 금메달을 놓고 겨루고 있다.

competence 적성, 자격, 능력
[kámpətəns] 캄퍼턴스

No one doubts her competence as a teacher.
교사로서 그녀의 능력을 의심하는 사람은 아무도 없다.

competent 적임의, 유능한, 적당한, 충분한
[kámpətənt] 캄퍼턴트

The competent teachers are respected by the students.
실력있는 교사들은 학생들로부터 존경을 받는다.

competition 경쟁, 시합
[kàmpətíʃən, kɔ̀m-] 캄퍼티션

I suggest we make further study on the possible competition from rival companies.
우리는 라이벌 회사와의 경쟁 가능성에 대해 좀 더 연구해야 한다고 봅니다.

competitive   경쟁의, 경쟁에 의한

[kəmpétətiv] 컴페터티브

\# He is awfully competitive.
그는 너무 경쟁심이 강하다.

complain   불평하다, 우는소리 하다, 한탄하다

[kəmpléin] 컴플레인

\# You complain with good reason.
당신의 불평은 일리가 있어요.

complement   보완물, 전량, 정원, 보완하다

[kámpləmənt] 캄플러먼트

\# The furniture complements the room very well.
그 가구가 방을 아주 잘 보완해 주고 있다.

complementary   상호 보완적인

[kámpləméntəri, kɔ́m-] 캄플러멘터리

\# They are necessary and complementary to each other, not opposites.
그것들은 서로 필요하고 상호 보완하는 것이지, 반대되는 것이 아니다.

complete   완전한, 전부의

[kəmplíːt] 컴플리트

\# I want to be a complete teacher like my science teacher.
우리 과학 선생님처럼 완벽한 선생님이 되고 싶다.

complex   복잡한
[kəmpléks] 컴플렉스

This protein's structure is particularly complex.
이 단백질 구조는 특히 복잡하다.

compliment   경의, 칭찬, 아첨
[kɑ́mpləmənt, kɔ́m-] 캄플러먼트

One likes to hear compliments on one's appearance.
사람은 자기 외모를 칭찬하는 말을 듣기 좋아한다.

comply   동의하다, 승낙하다
[kəmplái] 컴플라이

She was told to pay the fine, but refused to comply.
그녀는 벌금을 내라는 말을 들었지만, 응하지 않았다.

component   성분, 구성 요소, 부품
[kəmpóunənt] 컴포우넌트

Most electronic components use silicon chips.
대부분의 전자 부품들은 실리콘 칩을 사용한다.

compose   조립하다, 구성하다, 작곡하다, 작문하다
[kəmpóuz] 컴포우즈

Water is composed of hydrogen and oxygen.
물은 수소와 산소로 이루어져 있다.

compound 혼합하다, 조제하다, 타협하다
[kəmpáund] 컴파운드

The doctor said I had a compound fracture in my leg.
의사는 내 다리가 복합골절되었다고 했다.

comprehend 이해하다, 포함하다
[kὰmprihénd] 캄프리헨드

None of them could comprehend what she implied.
그들 중 어느 누구도 그녀가 암시한 것을 이해하지 못했다.

comprehension 이해, 포함
[kὰmprihénʃən, kɔ́m-] 캄프리헨션

The storybook is quite within the comprehension of boys and girls.
그 이야기책은 소년 소녀들이 이해하기 아주 쉽다.

comprehensive 포괄적인, 이해력이 있는
[kὰmprihénsiv, kɔ́m-] 캄프리헨시브

The book is a comprehensive guide to Korea.
그 책은 한국에 대한 포괄적인 안내서이다.

comprise 포함하다, 의미하다, ~으로 이루어져 있다, 구성하다
[kəmpráiz] 컴프라이즈

What does a set comprise?
한 세트는 무엇으로 구성됩니까?

The committee comprises six members.
그 위원회는 여섯 명의 위원으로 이루어져 있다.

compromise 타협
[kámprəmàiz, kɔ́m-] 캄프러마이즈

Let's make an effort to find a point of
compromise.
타협점을 찾도록 노력해 봅시다.

concentrate 집중하다, 농축하다, 집결시키다
[kánsəntrèit] 칸선트레잇

Where will the new manager concentrate his
efforts now?
새 부장은 이제 어디에 노력을 집중할까요?

conception 개념, 구상, 임신
[kənsépʃən] 컨셉션

At the first conception of the work, he was
consulted.
그 일을 처음 구상할 때, 그는 상담을 받았다.

concern 관계하다, 염려하다
[kənsə́:rn] 컨선

I never interfere in what does not concern
me.
나는 나와 관계없는 일에는 절대 간섭하지 않는다.

conclude 끝내다, 결론짓다, ~을 맺다
[kənklú:d] 컨클루드

As you said, it all boils down to what we
originally concluded.
당신 말대로, 원래의 결론으로 정해지는군요.

condolence 애도, 조상, 조사

[kəndóuləns] 컨도울런스

Please have the receptionist send a
condolence card to the union leader.

접수담당자가 조합 대표에게 위로의 카드를 보내게 해 주세요.

conduct 행동하다, 지도하다, 지휘하다, (전기를) 전도하다

[kándʌkt] 칸덕트

The operation was conducted in secrecy.

그 수술은 비밀리에 행해졌다.

confer 수여하다, 의논하다, 협의하다

[kənfə́:r] 컨퍼

We don't have the time to confer about every
minor detail.

우리는 세부적인 모든 것들을 다 협의할 시간은 없다.

conference 회담, 회의, 수여

[kánfərəns] 칸퍼런스

We hope that you will be able to join us at
this conference, and give us the benefit of
your presence.

당사는 귀하가 이 회의에 참석하기를 바라고 있으며, 귀하의
참석으로 저희에게 도움이 되기를 바랍니다.

confide (비밀을) 털어놓다, 신탁하다, 맡기다
[kənfáid] 컨파이드

She confided her troubles to a friend.
그녀는 자신의 문제를 친구에게 털어놓았다.

confidence 신용, 신뢰, 자신, 확신
[kánfidəns, kɔ́n-] 칸피던스

I answered the question with confidence.
나는 자신감을 갖고 질문에 대답했다.

confident 확신하는, 자신이 있는
[kánfidənt, kɔ́n-] 칸피던트

I always confident that he could master his weaknesses.
난 항상 그가 약점들을 다스릴 수 있을 거라고 확신한다.

confidential 은밀한, 기밀의, 신임이 두터운
[kànfidénʃəl, kɔ̀n-] 칸피덴셜

His secretary flatly denied leaking any confidential information.
그의 비서는 어떤 기밀 정보도 흘리지 않았다고 딱 잘라 부인했다.

configuration 배치, 지형, 형태, 윤곽, 컴퓨터 구성
[kənfìgjəréiʃən] 컨피기어레이션

The tongue is capable of many motions and configurations and plays a vital role in chewing, swallowing, and speaking.
혀는 여러 움직임과 모양을 할 수 있으며 씹고, 삼키고, 말하는 데 있어서 중요한 역할을 한다.

confirm   확인하다, 확실히 하다
[kənfə́:rm] 컨펌

I'd like to confirm my reservation.
예약이 되었는지 확인하고 싶습니다.

confiscate   몰수하다, 압류하다
[kánfiskèit, kənfís-, kɔ́n-] 칸피스케잇

The Coast Guard confiscated a ship carrying contraband.
해상 보안대가 밀수품을 실은 배 한 척을 압수했다.

conflagration   큰불, 대화재
[kànfləgréiʃən, kɔ̀n-] 칸플러그레이션

In the conflagration that followed the 1906 earthquake, much of San Francisco was destroyed.
1906년 지진으로 인한 대화재로, 샌프란시스코의 상당 부분이 파괴되었다.

conform   순응하다, 따르다
[kənfɔ́:rm] 컨폼

He was compliant and ready to conform to the pattern set by his friends.
그는 유순해서 친구들이 해 놓은 그 형태대로 기꺼이 따랐다.

conformity   적합, 일치, 순응주의
[kənfɔ́:rməti] 컨포머티

Conformity is an essential element of our homogeneous community.
체제 순응은 우리 단일 민족 사회의 본질적인 요소이다.

confront
[kənfrʌnt] 컨프런트

~에 직면하다, ~와 맞서다

The company is confronted with severe financial problems.
그 회사는 심각한 재정 문제에 직면해 있다.

confuse
[kənfjúːz] 컨퓨즈

혼동하다, 혼동시키다

You must be confusing me with someone else.
저를 다른 누군가와 혼동하고 계시군요.

connect
[kənékt] 커넥트

연결하다, 접속하다, 연락하다, 관련하다

There is no evidence to connect him with the murder.
그를 그 살인 사건과 관련시킬 증거가 없다.

conscience
[kάnʃəns] 칸션스

양심, 도덕관념, 의식, 자각

I quit for reasons of conscience.
양심상의 이유로 그만두었습니다.

conscious
[kάnʃəs] 칸셔스

의식하고 있는, 알고 있는

He is badly hurt but still conscious.
그는 심하게 다쳤지만, 의식은 아직 살아 있었다.

consensus 일치, 합의, 여론
[kənsénsəs] 컨센서스

\# At present, consensus has yet to be reached.
현재로는 전체의 의견 일치에 이르지 못했다.

consent 동의하다, 찬성하다, 승인하다, 허가하다
[kənsént] 컨센트

\# You must have parental consent.
당신은 부모님의 승낙을 받아야만 합니다.

consequent ~의 결과로 일어나는, 필연의, 당연한
[kánsikwènt] 칸시퀜트

\# The storm and consequent flooding destroyed the village.
폭풍과 그에 따른 홍수로 마을이 파괴되었다.

conservation 관리, 보존
[kánsə:rvéiʃən, kɔ̀n-] 칸서베이션

\# She is very interested in conservation.
그녀는 자연 보호에 관심이 많다.

conserve 보존하다, 보호하다
[kənsɔ́:rv] 컨서브

\# The mayor spoke of impending disaster unless measures were taken immediately to conserve the water supply.
시장은 수자원 보호를 위해 즉시 조처를 취하지 않을 때 다가올 임박한 재난에 관해서 말했다.

C

consist
[kənsíst] 컨시스트

이루어져 있다(of), 존재하다(in), 일치하다(with)

\# The human body consists of billions of tiny cells.
인간의 신체는 수십억 개의 자그마한 세포로 이루어져 있다.

consistently
[kənsístəntli] 컨시스턴틀리

일치하는, 시종일관된

\# It's good to deal consistently with one bank.
은행은 한 군데와 꾸준히 거래하는 게 좋아요.

consolation
[kὰnsəléiʃən] 칸설레이션

위로, 위안

\# His sympathy was a great consolation.
그의 애도가 큰 위로가 되었다.

consolidate
[kənsάlədèit] 컨살러데잇

결합하다, 통합 정리하다, 굳게 하다

\# Consolidated financial statements give investors the big picture of how the corporation is being run.
연결재무제표는 그 회사가 어떻게 운영되고 있는지에 대한 큰 그림을 투자자에게 보여 준다.

consolidation
[kənsάlədéiʃən] 컨살러데이션

강화, 합동, 합병

\# Employment opportunities for announcers are in decline because of increasing consolidation of radio and television stations.
라디오 방송국과 텔레비전 방송국의 합병 건수가 늘어남에 따라 아나운서가 되기 위한 취업 기회가 줄어들고 있다.

consternation   섬뜩 놀람, 소스라침, 당황
[kɑ̀nstərnéiʃən] 칸스터네이션

\# Imagine our consternation when the brakes failed and we headed full speed toward the busy intersection!
브레이크가 듣지 않고 복잡한 교차로를 향해 전속력으로 달렸을 때 우리의 당황함을 상상해 보라!

construction   건설, 건축, 구조, 구성
[kənstrʌ́kʃən] 컨스트럭션

\# The road was under construction.
도로 공사 중이었다.

consular   영사의, 영사관의, 집정관의
[kɑ́nsələr, kɔ́nsjul-] 칸설러

\# Consular officers will do their utmost to respect your privacy.
영사관 직원들은 당신의 프라이버시를 존중하기 위해 최선을 다할 것이다.

consulate   영사의 직, 영사관
[kɑ́nsəlit, kɔ́nsjul-] 칸설리트

\# You have to apply at the consulate office in San Francisco.
샌프란시스코에 있는 영사관 사무실에 신청해야 합니다.

consultant   상담가, 자문 위원
[kənsʌ́ltənt] 컨설턴트

\# Being a consultant requires access to a computer.
상담가가 되려면 컴퓨터를 사용할 줄 알아야 한다.

consumer 소비자

[kənsúːmər] 컨수머

My question is how do American consumers feel about the new product.
제 질문은 미국의 소비자들이 신제품에 대해 어떻게 느끼냐는 것입니다.

consumption 소비

[kənsʌ́mpʃən] 컨섬션

I unplugged to cut down the consumption of the electricity.
전기 소비를 줄이기 위해 플러그를 빼 놓았다.

contact 접촉시키다, 교신하다, 연락하다

[kántækt] 칸택트

Please contact me directly if you feel you are not being given proper consideration.
적절한 배려가 없다고 생각되실 때 제게 직접 연락해 주세요.

contain 포함하다, 내포하다

[kəntéin] 컨테인

I cannot contain my anger.
나는 화가 치밀어서 참을 수 없다.

container 그릇, 용기

[kəntéinər] 컨테이너

He's filling the container with water.
그는 용기에 물을 채우고 있다.

contempt 경멸, 모욕, 치욕

[kəntémpt] 컨템트

\# I have nothing but contempt for untidy people.
나는 단정하지 않은 사람들을 경멸할 뿐이다.

content (~에) 만족하는, 내용, 목차, 목록

[kəntént] 컨텐트

\# I can't be contented with yesterday's glory.
나는 어제의 영광에 만족할 수 없어요.

contention 말다툼, 논쟁

[kənténʃən] 컨텐션

\# Their contention has become rather acute.
두 사람의 알력이 점점 노골적으로 되었다.

contentment 만족

[kənténtmənt] 컨텐트먼트

\# Contentment is better than riches.
만족을 아는 것이 부유함보다 낫다.

continental 대륙의, 대륙풍의, 유럽 대륙의, 유럽식의

[kɑ̀ntənéntl, kɔ̀n-] 칸터넨틀

\# China is somewhat continental in her ideas and fancies.
중국은 어딘지 모르게 대륙적인 기풍이 있다.

continue 계속하다

[kəntínju:] 컨티뉴

\# I had to continue with antibiotics.
나는 항생 치료를 계속해야 했다.

contract
계약, 계약하다, 약혼하다, 수축시키다

[kántrækt] 칸트랙트

Your contract calls for an accounting twice a year.
계약에 의하면, 연 2회 회계보고를 해야 하는 것으로 되어있습니다.

contraction
수축, 불황

[kəntrǽkʃən] 컨트랙션

Analysts said investors were prepared for an economic contraction.
시장 관계자들은 이는 투자자들이 이미 경제의 하락에 대비한 결과라고 분석했다.

contradict
부정하다, 반박하다, 모순되다

[kántrədíkt] 칸트러딕트

Garish clothes seemed to contradict his unassuming manner.
번쩍거리는 옷은 그의 겸손한 태도와 배치되는 것 같았다.

contrary
반대의, ~에 반대되는, ~와는 다른

[kántreri, kɔ́n-] 칸트레리

He took a contrary position to her.
그는 그녀와 반대 입장을 취했다.

contribute
기부하다, 기증하다, 기여하다, 공헌하다, 기고하다

[kəntríbju:t] 컨트리뷰트

She has contributed several poems to literary magazines.
그녀는 문학잡지들에 몇 편의 시를 기고해 왔다.

contribution 기부, 기부금, 기여, 공헌, 투고
[kὰntrəbjúːʃən, kɔ́n-] 칸트러뷰션

> # All contributions, however small, will be greatly appreciated.
> 모든 기부금은, 아무리 적은 액수라도, 매우 고맙게 받겠습니다.

C

controversial 논쟁의
[kὰntrəvə́ːrʃəl, kɔ́n-] 칸트러버셜

> # The controversial bill passed by a narrow vote.
> 논란이 되었던 그 법안은 근소한 표차로 통과되었다.

convenient 편리한
[kənvíːnjənt] 컨비니언트

> # They met in a mutually convenient place.
> 그들은 서로 편리한 장소에서 만났다.

convent 수도회, 수도원, 수녀원
[kάnvənt] 칸번트

> # Together they go to Paris, where Valjean finds a post as a gardener in a convent and Cosette becomes a charity pupil.
> 그들은 함께 파리로 가서, 발잔은 수녀원의 정원사 일자리를 얻고, 코제트는 자선학교 학생이 된다.

conversation 회화, 대담, 대화
[kὰnvərséiʃən] 칸버세이션

> # There is a great run on the new English conversation book.
> 새로 나온 영어회화 책에 대한 주문이 쇄도하고 있어요.

converse
[kənvə́ːrs] 컨버스

담화하다, 서로 이야기하다

To converse well, either with another person or with a crowd, it is vitally necessary to feel relaxed and comfortably at ease.
개인 또는 군중과 대화를 잘하기 위해서는, 편안하고 안락하게 느끼는 것이 지극히 중요하다.

convert
[kənvə́ːrt] 컨버트

전환하다

I was converted to christianity from buddhism.
나는 불교에서 기독교로 개종하였다.

convict
[kənvíkt] 컨빅트

~의 유죄를 입증하다, 유죄를 선언하다

They were convicted of murder.
그들은 살인 유죄 선고를 받았다.

convince
[kənvíns] 컨빈스

~에게 납득시키다, ~에게 확신시키다

I am convinced that some substantial advantages will accrue to me if I complete my college education.
내가 대학 교육을 마치면 상당한 이점 몇 가지가 내게 생길 것이라 확신한다.

cooperation
[kouɑ́pəréiʃən, -ɔ́p-] 코우아퍼레이션

협력, 협동, 제휴

Thank you for your patience and cooperation.
귀사의 이해와 협조에 감사드립니다.

coordination 동등, 대등, 조직, 합동, 조화

[kouɔ́ːrdənéiʃən] 코우오더네이션

The landing of a spaceship requires the precise coordination of numerous intricate mechanisms.
우주선의 착륙은 많은 복잡한 메커니즘의 정확한 통일적인 작용을 요한다.

coordinator 동격으로 하는 것, 조정, 진행자

[kouɔ́ːrdənèitər] 코우오더네이터

Our homestay coordinators work closely with the students to provide them with the kinds of families they request.
홈스테이 관리자는 학생들과 긴밀한 연락을 취하면서 그들이 원하는 가정을 주선하게 됩니다.

cope 대처하다, 대항하다

[koup] 코웁

It was stressed that drastic measures were needed to cope with the dire financial situation.
극심한 재정난에 대처하기 위해서는 과감한 조치가 필요하다는 점이 강조되었다.

copy 사본, 복사, 부, 권

[kǽpi, kɔ́pi] 카피

The paintings seemed to be copies.
그림들이 사본인 것 같았다.

copyright
[cápiràit] 카피라잇

판권, 저작권

The recording industry remains wary of MP3 players, mainly because of copyright concerns, so they have not been widely promoted.
음반업계는 현재 지적재산권 문제로 인해 MP3 플레이어에 경계의 눈초리를 떼지 않고 있어, 이들 기기는 홍보에 어려움을 겪고 있다.

core
[kɔ́:r] 코어

속, 가운데, 핵심

Concern for the environment is at the core of our policies.
환경에 대한 관심은 우리 정책의 핵심이다.

corner
[kɔ́:rnər] 코너

구석, 모퉁이, 궁지에 몰리다

If cornered, the snake will defend itself.
뱀은 궁지에 몰리면 자신을 방어할 것이다.

corporate
[kɔ́:rpərit] 코퍼릿

법인의, 회사의

Experts figure that 6 to 8 percent of corporate sales now goes for bribes.
전문가들은 기업 매출의 6~8%가 뇌물로 지출되는 것으로 추정하고 있다.

corporation
[kɔ́:rpəréiʃən] 코퍼레이션

법인, 협회, 조합, 회사

I'm with the S Motor Corporation.
저는 S자동차 회사에서 일합니다.

corps
[kɔːr] 코어

군단, 부대, 단체

We have been informed by the NSA that an entire rebel corps of the Russian army is involved.
국가 안보국이 알려 온 바에 의하면 러시아군의 전 반군 군단이 관여되고 있다고 한다.

corpse
[kɔːrps] 코어프스

시체, 송장

The vultures flying overhead presaged the discovery of the corpse in the desert.
하늘 높이 날아다니는 독수리는 사막에 있는 죽은 동물의 사체를 찾았음을 보여 준다.

correct
[kərékt] 커렉트

옳은, 정당한

Is my pronunciation correct?
제가 발음을 맞게 하고 있나요?

correspond
[kɔ̀ːrəspánd] 코러스판드

대응하다, ~에 해당하다, 부합하다, 교신하다

I want to correspond with a girl about the same age.
내 또래의 소녀와 편지 왕래를 하고 싶다.

correspondence
[kɔ̀ːrəspándəns] 코러스판던스

대응, 해당, 일치, 교신

They had a lengthy correspondence before they reached an agreement.
그들은 합의에 이르기 전에 오랫동안 서신을 주고받았다.

cosmetic   화장품
[kɑzmétik, kɔz-] 카즈메틱

I stopped by a cosmetic shop to buy cosmetics.
화장품을 사러 화장품 가게를 들렀다.

cost   가격, 비용, 희생
[kɔːst, kɔst] 코스트

I expected to cost a lot of money.
비용이 많이 들 것이라고 예상했다.

council   회의, 심의회, 평의회
[káunsəl] 카운설

Deciding who is eligible for school athletic teams is not within the jurisdiction of the Student Council.
누가 학교 운동 팀에 적격인지를 결정하는 것은 학생회 권한 밖의 일이다.

counsel   평의, 조언, 방침
[káunsəl] 카운설

She is counseling me in this matter.
그녀는 내게 이 일에 대해 상담해 주고 있어요.

countenance   생김새, 안색, 표정, 지지, 후원
[káuntənəns] 카운터넌스

He refused to countenance such rude behavior on their part.
그는 그들 편에서 그런 무례한 행위를 용서하지 않았다.

counterfeit 모조의, 가짜의, 겉치레의
[káuntərfit] 카운터핏

Due to recent increases in counterfeiting, the government has asked merchants to heighten their vigilance.
최근 화폐 위조 사건이 증가하자, 정부 당국은 상인들에게 경계를 강화할 것을 당부했다.

county 자치주, 행정 구역
[káunti] 카운티

Meantime about 330,000 people in two Southeast Texas counties are being urged to evacuate as well.
한편 텍사스 남동부의 두 지역에서 33만 명에 이르는 주민들에게 대피령이 내려졌습니다.

course 진로, 행로, 진행, 교육 과정
[kɔːrs] 코스

What course are you going to take?
무슨 과정을 수강할 거예요?

cover 덮다, 가리다, 포함하다
[kʌ́vər] 커버

The world was covered with snow.
온 세상이 눈에 덮였다.

coverage 적용 범위, 보상, 보도, 유효 시청 범위
[kʌ́vəridʒ] 커버리지

I need blanket coverage.
전 종합 보험에 들어야 합니다.

crab 게
[kræb] 크랩

Nothing beats this place for crabs.
게 요리는 이 식당이 최고예요.

crack 날카로운 소리, 깨지다, 갈라진 금
[kræk] 크랙

We saw a gleam of light through the crack under the door.
우리는 문 아래의 갈라진 틈을 통해 희미한 불빛을 보았다.

crash 갑자기 나는 요란한 소리, 충돌, 추락, 불시 착륙
[kræʃ] 크래시

There was only one survivor from the plane crash.
그 비행기 추락에서 생존자는 한 사람뿐이었다.

craze 미치게 하다
[kreiz] 크레이즈

A stonecutter, half-crazed by his failure to establish himself as an independent contractor.
독립된 도급자가 되지 못해 반쯤 미쳐 버린 석공.

crazy 미친, 미치광이의
[kréizi] 크레이지

I've been working in this factory for so long, it's driving me crazy!
공장에서 정말 오랫동안 일해 왔어, 이젠 미칠 지경이야!

102

creative 창조적인, 독창적인
[kri:éitiv] 크리에이티브

\# He's a very creative writer.
그는 매우 독창적인 작가이다.

credit 신용, 명성, 공적
[krédit] 크레딧

\# We have received with thanks the letter of credit covering your order No. 100.
귀사의 주문 100호에 대한 신용장을 감사히 수령하였습니다.

crime 범죄
[kraim] 크라임

\# They agreed to cooperate in the fight against crime.
그들은 범죄와의 싸움에 협력하기로 동의했다.

criminal 범죄의, 죄 있는, 범죄자
[krímənl] 크리머늘

\# The police grabbed the criminal's shoulder.
경찰관은 범인의 어깨를 움켜잡았다.

crisis 위기
[kráisis] 크라이시스

\# I was over the crisis.
난 위기를 넘겼다.

criticism
비평, 비판, 평론

[krítisìzəm] 크리티시점

Criticism is easy, art is difficult.
비평은 쉽지만, 제작은 힘들다.

criticize
비평하다, 비난하다

[krítisàiz] 크리티사이즈

He keeps secrets well and doesn't criticize me.
그는 비밀을 잘 지키고 나를 흉보지 않는다.

crooked
비뚤어진, 부정직한

[krúkid] 크루키드

Your tie's a little crooked.
네 넥타이가 조금 비뚤어졌어.

crop
농작물, 수확하다

[krɑp] 크랍

The farmer cultivates a variety of crops.
그 농부는 여러 가지 종류의 작물을 재배하고 있다.

crowded
붐비는, 혼잡한, 꽉 짜인

[kráudid] 크라우디드

The department store was very crowded.
백화점은 매우 붐볐다.

cruise
순항하다, 순항

[kru:z] 크루즈

How about a cruise?
선상 여행은 어떠세요?

crush
부서지다, 분쇄하다

[krʌʃ] 크러시

My hopes were crushed.
내 희망은 산산조각이 났다.

cucumber
오이

[kjúːkəmbər] 큐컴버

I brought you some cucumber.
오이를 좀 가져왔어.

cure
치료

[kjuər] 큐어

What cannot be cured must be endured.
고칠 수 없는 것은 참고 견디는 수밖에 없다.

currently
일반적으로, 현재

[kɔ́ːrəntli, kʌ́r-] 커런틀리

Fashions are the currently accepted styles of appearance and behavior.
패션은 현재 용인되고 있는 외모나 행동의 스타일이다.

custom
관습, 풍습, 관행, 관세, 고객

[kʌ́stəm] 커스텀

It became my custom to go out for a walk after dinner.
저녁을 먹고 나서 산책을 하는 것이 나의 습관이 되었다.

customer
손님, 고객, 거래처

[kʌ́stəmər] 커스터머

It will force our existing customers to go with other suppliers.
오랜 고객마저도 거래처를 다른 곳으로 바꿀 것입니다.

customize   주문 제작하다, 개인의 희망에 맞추다
[kʌ́stəmàiz] 커스터마이즈

\# You can customize the toolbar to personalize your workspace.
도구 모음을 사용자 지정하여 자신에게 맞는 작업 영역을 정의할 수 있습니다.

cut   베다, 절단하다, 깎다, 줄이다
[kʌt] 컷

\# I have my hair cut twice a month.
나는 한 달에 두 번 머리를 깎는다.

cynical   냉소적인, 비꼬는
[sínikəl] 시니컬

\# You have probably heard cynical words from pessimists.
당신은 아마 비관론자들로부터 냉소적인 말들을 들었을 것이다.

1. 그 사람이 새로운 **일**을 시작했어요.

He launched a new _____ .

2. 그곳은 온천으로 **유명하다**.

The place is _____ for its hot springs.

3. **가슴**에 십자를 그리며 기도했다.

I made the sign of the cross on my _____ .

4. 많이 **수집**하셨어요?

Do you have a big _____ ?

5. 당신의 **불평**은 일리가 있어요.

You _____ with good reason.

6. 당신은 부모님의 **승낙**을 받아야만 합니다.

You must have parental _____ .

7. **비용**이 많이 들 것이라고 예상했다.

I expected to _____ a lot of money.

8. 난 **위기**를 넘겼다.

I was over the _____ .

---

1. career   **2.** celebrated   **3.** chest   **4.** collection
5. complain   **6.** consent   **7.** cost   **8.** crisis

dab
[dæb] 댑

가볍게 두드리다

She dabbed her eyes with a tissue.
그녀는 화장지로 눈을 가볍게 두드렸다.

daily
[déili] 데일리

매일의, 일상의

I am tired of my daily routines.
매일 똑같은 일상이 지겹다.

dairy
[déəri] 데어리

유제품 판매점, 낙농업, 유제품의

We used to have a bakery and a dairy by the church.
빵집과 유제품 판매점이 교회 옆에 있었다.

damage
[dǽmidʒ] 대미지

손해, 손상, 손해액, 배상금

The storm caused extensive damage.
폭풍이 넓은 지역에 걸쳐 피해를 가져왔다.

damp
[dæmp] 댐프

습기 찬, 안개, 축축한

The house was cold and damp.
집은 춥고 축축했다.

dangle
[dǽŋgl] 댕글

매달리다

\# A single light bulb dangled from the ceiling.
단 하나의 전구가 천장에 매달려 있었다.

dare
[dɛər] 데어

감히 ~하다, 무릅쓰다

\# It was the most daring and dramatic infiltration attempt by North Koreans since the late 1960s.
이번 사건은 60년대 말 이후 북한에 의해 시도된 가장 대담하고 극적인 무장침투였다.

darn
[dɑːrn] 단

치기, 깁기, 꿰맨 곳

\# Your socks needs darning.
당신 양말 꿰매야겠어요.

dart
[dɑ́ːrt] 다트

돌진하다, 빨리 움직이다

\# The child darted behind the sofa and hid.
그 아이는 소파 뒤로 빨리 움직여 숨었다.

dash
[dæʃ] 대시

내던지다, 좌절시키다, 끼었다, 튀기다, 돌진하다

\# They made a dash for the exit.
그들은 출구로 돌진했다.

date
[deit] 데잇

날짜, 시대, 데이트

\# What's the date today?
오늘 며칠입니까?

dawn
[dɔ́ːn] 돈

새벽, 날이 새다, 시작되다

\# The following morning dawned bright and warm.
다음날 밝고 따뜻한 아침이 시작되었다.

daze
[déiz] 데이즈

당황하게 하다, 멍하게 하다

\# Survivors waited for the rescue boats, dazed and frightened.
당황하고 놀라서 생존자들은 구조선을 기다렸다.

deadline
[dédlàin] 데들라인

경계선, 마감 시간, 최종 기한

\# We have a deadline to meet.
우리가 일을 끝내야 할 최종 기한이 있습니다.

\# What's the deadline for submitting proposals?
제안서 제출 마감일이 언제죠?

deadly
[dédli] 데들리

죽음의, 치명적인

\# The US is considering sending troops to an Afghan village hit by a deadly US air strike.
치명적인 미군의 공습으로 사상자가 발생한 아프가니스탄의 마을에 미국이 병력 파견을 고려하고 있습니다.

deal
[di:l] 딜

분배하다, 나누다, 다루다, 처리하다, 장사하다

Please deal with this order as one of special urgency.
이 주문을 특별히 긴급 처리해 주십시오.

dealer
[dí:lər] 딜러

상인, 딜러, 중개인

I'm afraid I was taken for a ride by the used car dealer.
나는 그 중고차 중개인에게 속은 것 같아요.

dean
[di:n] 딘

대성당의 수석 사제, 학장, 장로

This May, she named a woman as dean of the Woodrow Wilson School.
올해 5월에 우드로 윌슨 스쿨의 학장 자리에 여성을 임명했다.

death
[deθ] 데쓰

죽음

I felt sorry for my uncle's death.
삼촌의 죽음에 슬퍼했다.

debate
[dibéit] 디베잇

토론하다, 논쟁하다, 숙고하다, 검토하다

She won the first place in a debate.
그녀는 논평에서 1등상을 탔어요.

debit
[débit] 데빗

장부의 차변, 결점

Please accept the above draft for me and debit your charges to my account.
위의 환어음을 저를 대신해서 인수하고, 귀사의 비용을 제 계정의 차변에 기장해 주십시오.

debris
[dəbríː] 더브리

부스러기, 파편

Caution is advised as traffic there may soon come to a halt as the debris is cleared.
사고 잔해를 처리 중이어서 조만간 차량들이 정체될 수 있으므로 주의 운전 바랍니다.

debt
[det] 뎃

빚, 부채

I had to put off paying my debt.
돈이 없어서 빚 갚는 것을 미루어야 했다.

debut
[deibjúː] 데이뷰

데뷔, 사교계에 첫발 디디기

She recently made her London stage debut in David's play The Blue Room.
그녀는 최근 데이빗의 연극 〈더 블루 룸〉에 출연해 런던 무대에 처음 진출했다.

decade
[dékeid, dəkéid] 데케이드

10년간, 10개가 한 벌로 된 것

Arriving in Seoul, I found that the city is nothing like it was five decades ago.
서울에 도착했을 때, 나는 서울이 50년 전 모습과는 완전히 다르다는 것을 알았다.

deceive
[disíːv] 디시브

속이다, 기만하다

\# It is not honorable to deceive them with false promises.
못 지킬 약속으로 그들을 속이는 것은 명예롭지 못하다.

decent
[díːsnt] 디슨트

(사회 기준에) 맞는, 어울리는, 단정한

\# Nearby is a village with a decent pub.
적당한 술집이 있는 마을이 근처에 있다.

decently
[díːsntli] 디슨틀리

품위 있게, 점잖게, 상당히, 친절하게

\# They're paid fairly decently.
그들은 꽤 괜찮은 보수를 받는다.

decision
[disíʒən] 디시전

결심, 결정, 다짐, 판결

\# I made a decision to study hard.
공부를 열심히 해야겠다고 다짐했다.

decisively
[disáisivli] 디사이시블리

결정적인, 단호한, 확고한

\# Here is a decisively eligible young man.
여기에 단연 적격인 청년이 있습니다.

deck
[dek] 덱

갑판, 꾸미다, 장식하다

I cleared the decks at the office, so I'll have the whole three days off.
사무실 바닥을 정리해서, 사흘은 깨끗이 쉴 수 있어요.

The house was decked with flowers.
그 집은 꽃으로 꾸며져 있다.

declaim
[dikléim] 디클레임

변론하다, 낭독하다, 열변을 토하다

A preacher was declaiming against the ills of modern society.
한 설교자가 현대사회의 해악들에 대해 열변을 토했다.

declare
[dikléər] 디클레어

선언하다, 발표하다, (과세금) 신고하다

The meat was declared unfit for human consumption.
그 고기는 인간이 소비하기에는 부적합하다고 공표되었다.

decline
[dikláin] 디클라인

기울다, 거절하다

Thus, we have no choice but to decline your proposal.
그러므로, 이번 요구를 거절하지 않을 수 없게 되었습니다.

decommission 해체하다, 조업을 중지하다
[dìːkəmíʃən] 디커미션

After the submarine was decommissioned it was towed to a local harbor where it was sunk to create an artificial reef to attract fish.
더 이상 사용하지 않게 된 그 잠수함은 인근 항구로 견인되었는데, 그곳에서 침몰되어 물고기를 끌어들이는 인공 산호초가 되었다.

decorate 꾸미다, 장식하다, 도배하다, 훈장을 주다
[dékərèit] 데커레잇

The Buddhists decorated the temple with the paper lanterns on Buddha's Birthday.
불교 신자들은 석가탄신일에 연등으로 절을 장식했다.

decrease 감소, 축소
[díːkriːs, dikríːs] 디크리스

After taking an aspirin, the pain decreased.
아스피린을 먹은 후, 진통이 줄었다.

deduct 공제하다, 빼다
[didʌkt] 디덕트

A monthly service charge will be deducted.
서비스 요금은 매월 공제될 겁니다.

deductible 공제할 수 있는, 공제 조항
[didʌktəbl] 디덕터블

Is it tax deductible?
세금은 공제가 됩니까?

deed
[di:d] 디드

행위, 실행, 공훈, 공적

His noble deed deserves praise indeed.
그의 숭고한 행위는 참으로 칭찬받을 만하다.

deep
[di:p] 디프

깊은, 몰두하고 있는, 짙은

You're neck deep in it.
너는 이 일에 깊이 개입되어 있다.

default
[difɔ́:lt] 디폴트

불이행

Any default on your mortgage repayments may mean you will lose your house.
대출 상환을 이행하지 않는다면 집을 잃을 수 있습니다.

defeat
[difí:t] 디피트

쳐부수다

I was depressed to hear about our team's defeat.
우리 팀이 졌다는 소식을 듣고 침울했다.

defect
[difékt] 디펙트

결점, 결함, 부족

Even when there is a very small defect, he classifies it as a reject.
아주 작은 결함만 있어도, 그는 그것을 불량품으로 규정합니다.

defective
[diféktiv] 디펙티브

결함, 불량품, 결점이 있는

The defective cable had to be replaced immediately.
결함이 있는 케이블은 즉시 바꾸었어야 했네요.

defendant
[diféndənt] 디펜던트

피고, 피고의

The defendant claimed that he had not had a fair trial.
그 피고는 공정한 재판을 받지 못했다고 주장했다.

defense
[diféns] 디펜스

방위, 방어, 피고측

We have Civil Defense Exercises once every month.
저희는 매달 한 번씩 민방위훈련을 해요.

deficit
[défəsit] 데퍼싯

결손, 적자

The deficit has been diminishing little by little.
적자는 점차 감소되어 가고 있다.

definite
[défənit] 데퍼닛

뚜렷한, 명확한

I can't give you a definite date at this point.
지금으로서는 정확한 날짜를 말씀드릴 수가 없군요.

definitely 뚜렷이, 명확하게
[défənitli] 데퍼니틀리

That is definitely correct.
그건 분명히 옳다.

deflate ~의 공기를 빼다, 꺾다
[difléit] 디플레잇

I noticed with approval that his mordant remarks were intended to deflate the pompous and unmask the hypocritical.
그의 신랄한 말들이 거만한 자들의 콧대를 꺾고 위선자들의 가면을 벗기기 위한 것이라는 사실을 알고 나는 수긍이 갔다.

deform 변형되다, 흉하게 되다, 불구가 되게 하다
[difɔ́ːrm] 디폼

A crippling disease had deformed his hands.
불구를 초래하는 질병 때문에 그의 양손이 기형이 되었다.

dejection 낙담, 실의, 우울
[didʒékʃən] 디젝션

The loser sat slumped in dejection.
그 패자는 낙담에 빠져 앉아 있었다.

delay 미루다, 연기하다
[diléi] 딜레이

Translation difficulties are the cause of the delay.
번역상의 어려움으로 인해 늦어졌습니다.

D

delegate   대표자, 대리인, 대의원
[déligit, -gèit] 델리깃

\# Although the delegates were aware of the importance of the problem, they could not agree on the substantive issues.
대의원들은 그 문제의 중요성을 알고 있었지만, 실질적인 논쟁점에 대해서 합의를 볼 수 없었다.

deliberation   숙고, 심의, 신중
[dilibəréiʃən] 딜리버레이션

\# After six days of deliberation, the jury could not come to a unanimous decision.
6일간이나 심의했는데, 배심원들은 만장일치의 결론을 내리지 못했다.

delicious   맛있는
[dilíʃəs] 딜리셔스

\# Sometimes the side dishes are not delicious.
때때로 반찬이 맛있지 않다.

delightful   매우 기쁜, 즐거운
[diláitfəl] 딜라잇펄

\# No news could be more delightful to me.
제게 이보다 더 즐거운 소식은 없을 것입니다.

delineate   ~의 윤곽을 그리다, 묘사하다
[dilínièit] 딜리니에잇

\# He is a powerful storyteller, but he is weakest when he attempts to delineate character.
그는 능력 있는 소설가이지만, 인물을 묘사하려 할 때는 너무 약해 보인다.

deliver

[dilívər] 딜리버

배달하다, 연설하다, 해방시키다

Can you deliver the goods by March thirty one?
3월 31일까지 물건을 보내 주실 수 있습니까?

delivery

[dilívəri] 딜리버리

배달, 구출, 해방, 강연, 분만

I hope you have an easy delivery.
순산하길 기도할게요.

demand

[dimǽnd, -mάːnd] 디맨드

요구하다, 청구하다, ~을 필요로 하다, 수요

This crime demands for severe punishment.
이 범죄는 엄벌이 요구된다.

Prices depend upon supply and demand.
가격은 공급과 수요에 의존한다.

dement

[dimént] 디멘트

미치게 하다

The demented man gibbered incoherently.
그 미친 사람이 이상한 말을 지껄였다.

demonstrate

[démənstrèit] 데먼스트레잇

증명하다, 시범을 보이다, 시위하다

Allow me to demonstrate it.
제가 시범을 보여 드리겠습니다.

demote
[dimóut] 디모웃
~의 지위를 떨어뜨리다, 강등시키다

\# He got demoted at work.
그는 직장에서 강등됐다.

denomination
[dinɑ̀mənéiʃən, -nɔ̀m-] 디나머네이션
명칭, 종파, 화폐 단위, 액면 금액

\# What denominations do you want?
얼마짜리로 드릴까요?

dense
[déns] 덴스
밀집한, 무성한

\# The body was found hidden in dense undergrowth.
무성한 덤불 속에 숨겨져 있는 시체가 발견되었다.

deny
[dinái] 디나이
부정하다, 취소하다, 부인하다

\# He denied that he was involved.
그는 자기가 연루되었음을 부인했다.

depart
[dipɑ́ːrt] 디파트
출발하다, 벗어나다

\# When would you like to depart?
언제 출발하실 건가요?

departure
[dipá:rtʃər] 디파처

출발, 떠남

\# This is a new departure for the company.
이것이 회사로서는 새로운 변화이다.

depict
[dipíkt] 디픽트

그리다, 묘사하다

\# The paintings depict people performing moves similar to today's Taegwondo.
그 벽화는 그 시대 사람들이 오늘날의 태권도와 비슷한 동작을 하고 있는 것을 묘사하고 있다.

depose
[dipóuz] 디포우즈

물러나게 하다, 면직하다, 증언하다

\# The army attempted to depose the king and set up a military government.
군대는 왕을 퇴위시키고 군사 정부를 세우려고 했다.

deposit
[dipázit, -pɔ́z-] 디파짓

아래에 놓다, 침전시키다, 맡기다, 예금하다

\# I deposited money in the bank.
은행에 예금하였다.

depress
[diprés] 디프레스

우울하게 하다, 불경기로 만들다, 약화시키다

\# When I have no one to love, I feel lonely and depressed.
사랑하는 사람이 없으면, 외롭고 우울해진다.

depressing 억누르는, 침울한
[diprésiŋ] 디프레싱

> # That was a depressing movie, wasn't it?
> 우울한 영화네, 그렇지 않아?

deprivation 탈취, 박탈, 결핍
[dèprəvéiʃən] 데프러베이션

> # suffer deprivation of one' rights as a citizen
> 시민으로서의 권리를 박탈당하다

deregulate 공적 규제를 해제하다
[di:régjulèit] 디레귤레잇

> # At its core, the bill is an attempt to overhaul
> and then deregulate a neglected industry,
> long overdue for fundamental change.
> 법안의 핵심은 오래 전부터 근본적인 변화가 필요했던, 사양
> 산업에 대한 구조 개편과 규제 폐지이다.

derivation 끌어내기, 유도, 유래, 기원
[dèrəvéiʃən] 데러베이션

> # The derivation of its name is obscure.
> 그 이름의 기원은 불분명하다.

derive 끌어내다(from), ~의 기원을 찾다
[diráiv] 디라이브

> # He derives a lot of pleasure from meeting
> new people.
> 그는 새로운 사람을 만나는 데서 기쁨을 갖는다.

descend

[disénd] 디센드

내리다, 내려가다, 내려오다, 계통을 잇다

I descended the mountain slowly because the path was slippery.
길이 미끄러워서 산에서 천천히 내려왔다.

describe

[diskráib] 디스크라이브

묘사하다, 말로 설명하다

I described my symptoms in detail.
나의 증상을 자세히 설명하였다.

deserted

[dizə́:rtid] 디저티드

사람이 없는, 사람이 살지 않는

Julia led them into a deserted alley.
줄리아는 사람이 없는 골목길로 그들을 이끌고 갔다.

deserve

[dizə́:rv] 디저브

~할 만하다, 받을 가치가 있다

One good turn deserves another.
좋은 일을 한 사람은 다른 좋은 일로 보상받는다.

design

[dizáin] 디자인

디자인, 설계(도), 계획, 의도

She has received many commissions to design public buildings.
그녀는 공공건물을 디자인해 달라는 위탁을 많이 받아 왔다.

designate 지시하다, 표시하다, 명명하다, 임명하다, 지정하다
[dézignèit] 데지그네잇

Even before the new President took office, he designated the men and women who were to serve in his cabinet.
그 신임 대통령은 취임하기도 전에, 그의 내각에서 일할 사람들을 임명했다.

desperation 필사적임, 절망, 자포자기
[dèspəréiʃən] 디스퍼레이션

He kicked at the door in desperation.
그는 될 대로 되라는 듯 발로 문을 찼다.

despite ~에도 불구하고
[dispáit] 디스파잇

Despite all these discouragements, she refused to give up.
이 모든 장애에도 불구하고, 그녀는 포기하길 거부했다.

destiny 운명
[déstəni] 데스터니

It was his destiny to die in a foreign country.
타국에서 죽는 것이 그의 운명이었다.

detach 떼다, 분리하다, 파견하다
[ditǽtʃ] 디태치

The handle of the saucepan can he detached.
그 소스팬의 손잡이는 분리할 수 있습니다.

detail
[díːteil] 디테일

세부, 상세

\# His answer was accurate in every detail.
그의 대답은 모든 점에서 정확했다.

detain
[ditéin] 디테인

붙들다, 억류하다, 보류하다

\# Mr. Park was just detained for creating a disturbance in the courtroom.
박 씨가 재판정에서 소란을 피워서 구속되었대요.

detect
[ditékt] 디텍트

감지하다, 탐지하다, 알아채다

\# I detected a note of annoyance in his voice.
나는 그의 목소리에 짜증기가 섞인 것을 알아챘다.

determine
[ditə́ːrmin] 디터민

결심하다, 결정하다, 재판하다, 알아내다

\# The police are trying to determine the cause of the accident.
경찰은 그 사고의 원인을 알아내고자 애쓰고 있다.

detest
[ditést] 디테스트

미워하다, 몹시 싫어하다

\# They detested each other on sight.
그들은 서로를 보자마자 몹시 싫어했다.

devaluation 가치의 저하, 평가절하
[dì:væljuéiʃən] 디밸류에이션

\# The recent devaluation of the dollar has caused a setback in business.
최근의 달러 가치 하락으로 인해 사업이 잘 되지 않고 있습니다.

devastation 황폐
[dèvəstéiʃən] 데버스테이션

\# Blaming severe weather and insect attacks, The Farmer's News reports that farmers have not encountered such devastation since 1913.
악천후와 병충해가 원인이었던 이번 재해는 1913년 이래 처음이었다고 농민 소식지는 전했습니다.

develop 발달하다, 개발하다, 전개하다
[divéləp] 디벨럽

\# One of my dental problems, I don't feel any pain until a serious problem develops.
치과 문제 중 한 가지는, 문제가 심각해질 때까지 아프지 않다는 것이다.

device 고안, 계획, 장치, 상표, 도안
[diváis] 디바이스

\# Make sure that the device is attached firmly to the ceiling.
그 장치가 천정에 단단히 붙어 있는지 확인하세요.

devote
바치다, 헌신하다

[divóut] 디보웃

#The nominee of our party is a man who has devoted his life to public service.
우리 정당의 지명을 받은 사람은 공익사업에 평생을 바친 사람이다.

diabetes
당뇨병

[dàiəbíːtis, -tiːz] 다이어비티스

#He suffers from diabetes.
그는 당뇨병으로 고생이다.

diameter
직경, 지름, (렌즈의) 배율

[daiǽmitər] 다이애미터

#The tree measures almost 2 feet in diameter.
그 나무는 지름이 거의 2피트이다.

din
소음, 시끄러운 소리

[dín] 딘

#The children were making an awful din.
아이들은 매우 시끄러운 소음을 내고 있다.

diplomatic
외교의

[dipləmǽtik] 디플러매틱

#She settled disputes by diplomatic means.
그녀는 외교적인 수단으로 분쟁을 해결했다.

direct
[dirékt, dai-] 디렉트   똑바른, 직접의, 솔직한, 노골적인

Our conclusions were arrived by inference, not by direct evidence.
우리가 내린 결론들은 추론에 의한 것이지, 직접적인 증거에 의한 것이 아니다.

direction
[dirékʃən, dai-] 디렉션   지도, 감독, 사용법, 방향

The bus was going in other direction.
버스가 다른 방향으로 가고 있었다.

directive
[diréktiv, dai-] 디렉티브   지시하는, 지도하는, 관리하는

You may be sure that any directive that emanates from her office will be clear, precise, and workable.
그녀의 사무실에서 나오는 어떤 지시도 분명하고 정확하고 만족스럽다는 사실을 확신해도 좋다.

director
[diréktər, dai-] 디렉터   지도자, 교장, 국장, 중역, 이사, 지휘자

Mike will be in his director's good graces.
마이크는 그의 국장으로부터 호감을 받게 될 것이다.

disability
[dìsəbíləti] 디서빌러티   무능, 불구, 무자격

Some have severe learning disabilities.
어떤 애들은 아주 심한 학습 장애를 가지고 있습니다.

disagree
[dìsəgríː] 디서그리

의견이 맞지 않다, 언쟁하다

Even friends disagree sometimes.
친구 사이에도 가끔씩 의견이 맞지 않는다.

disappear
[dìsəpíər] 디서피어

사라지다

The sun disappeared behind a cloud.
태양은 구름 뒤로 사라졌다.

disappoint
[dìsəpɔ́int] 디서포인트

실망시키다, 좌절시키다

I will do my best in order not to disappoint my parent.
부모님을 실망시켜 드리지 않기 위해 최선을 다하겠다.

disassemble
[dìsəsémbəl] 디서셈벌

해체하다, 분해하다

A cellular phone has been disassembled.
휴대전화가 분해되었다.

disaster
[dizǽstər, -zɑ́ːs-] 디재스터

재난

San Francisco was officially declared a disaster area yesterday.
샌프란시스코는 어제 재해 지역으로 공식 선포되었다.

discharge
[distʃɑ́ːrʒ] 디스차지

짐을 내리다, 면제하다, 석방하다, 해고하다, 이행하다

He discharges his duties conscientiously and wisely.
그는 맡은 일들을 성실하고 현명하게 처리한다.

discount
[dískaunt] 디스카운트

할인, 할인하다

We have quoted special prices, and therefore the offer is not subject to the usual discounts.
당사가 제공한 가격은 특별가이므로, 여기에는 통상적인 할인을 제공할 수 없습니다.

discover
[diskΛ́vər] 디스커버

발견하다, 나타내다, 깨닫다

I discovered him to be a liar.
나는 그가 거짓말쟁이라는 것을 깨달았다.

Columbus discovered America.
콜럼버스가 미국을 발견했다.

discriminate
[diskrímənèit] 디스크리머네잇

식별하다, 차별하다

She must not be discriminated against because of her sex at the company's personnel policy.
그녀는 여자라는 성별로 회사의 인사 정책에서 차별을 받을 수 없다.

discuss
[diskʌ́s] 디스커스

토론하다, 논의하다, 검토하다

We discussed in groups for solving the problem.
문제 해결을 위해 조별로 토론했다.

dismantle
[dismǽntl] 디스맨틀

설비를 제거하다, 분해하다, 폐지하다

Berliners now had the awesome task of dismantling the Wall.
베를린 사람들은 이제 장벽을 해체하는 경이로운 과업을 안고 있었다.

dismiss
[dismís] 디스미스

떠나게 하다, 해산시키다, 해고하다

The company dismisses its employees only in cases of gross misconduct.
그 회사는 직원들이 엄청난 부정행위를 할 경우에만 해고시킨다.

dispatch
[dispǽtʃ] 디스패치

급송하다, 급파하다, 특파하다, 신속히 처리하다

A replacement for the faulty equipment was dispatched today.
잘못된 비품에 대한 대체품이 오늘 발송되었습니다.

displace
[displéis] 디스플레이스

바꾸어 놓다, 옮기다, 제거하다, 쫓아내다

Weeds tend to displace other plants.
잡초는 다른 식물들의 자리를 차지하는 경향이 있다.

D

display
[displéi] 디스플레이

보이다, 나타내다, 전시하다, 진열하다

Mr. Brown will be displaying a small sign with your name on it for your quick identification.
귀하께서 금방 알아볼 수 있도록 브라운 씨가 귀하의 성함이 적힌 작은 팻말을 들고 있을 겁니다.

dispose
[dispóuz] 디스포우즈

배치하다, 처리하다, 경향이 있다

Let´s dispose of this problem first.
이 문제부터 처리합시다.

dispute
[dispjú:t] 디스퓨트

논쟁하다, 논의하다

Critics have disputed the official unemployment figures.
비평가들은 실업에 대한 공식적인 수치에 대해 논쟁을 벌여 오고 있다.

disqualify
[diskwάləfài] 디스콸러파이

~의 자격을 박탈하다

Anyone caught cheating will be disqualified from the exam.
부정행위를 하다 적발되면 누구든지 시험 볼 자격을 박탈당할 것이다.

disregard
[dìsrigάːrd] 디스리가드

무시, 경시

Your objections are inconsequential and may be disregarded.
당신의 반대는 대수롭지 않아서 무시될지 모른다.

disrupt
[disrʌ́pt] 디스럽트

부수다, 혼란케 하다, 중단시키다

The storm disrupted our telephone service.
폭풍우로 전화 통화가 중단되었다.

dissolution
[dìsəlúːʃən] 디설루션

용해, 분해, 해산, 취소, 붕괴, 소멸, 타락

The profligacy and dissolution of life in Caligula's Rome appall some historians.
칼리굴라의 로마에서 생활의 타락과 방탕은 역사가들을 섬뜩하게 한다.

dissolve
[dizálv] 디잘브

용해시키다, 해결하다, 해산시키다

The problem that remains is how they can make concrete methods to dissolve their hostile confrontations.
남아있는 문제는 그들의 상반되는 갈등을 해결하는 구체적인 방법을 어떻게 만드느냐는 것이다.

distance
[dístəns] 디스턴스

거리, 먼 곳

I have trouble seeing in the distance.
먼 곳이 잘 안 보인다.

distant
[dístənt] 디스턴트

먼, 멀리 있는

Near neighbor is better than a distant cousin.
가까이에 있는 이웃이 멀리 있는 사촌보다 낫다.

distinct　별개의, 독특한, 뚜렷한, 명백한
[distíŋkt] 디스팅트

\# Criminology began to develop as a distinct area of study during the 1700's.
범죄학은 1700년대에 별개의 연구 분야로써 발전하기 시작했다.

distinguish　분별하다, 식별하다, 구분하다
[distíŋgwiʃ] 디스팅귀시

\# He can't distinguish the good with the bad.
그는 옳고 그름을 구분하지 못한다.

distract　산만하게 하다
[distrǽkt] 디스트랙트

\# Please turn your music down. It's very distracting.
제발 음악을 줄여 주세요. 너무 산만해요.

distraction　정신이 흐트러짐, 주의 산만, 기분 전환, 오락
[distrǽkʃən] 디스트랙션

\# The book bored me to distraction.
그 책은 나를 지루하게 해서 정신을 흐트러트렸다.

distribute　분배하다, 배급하다, 분포시키다, 분류하다
[distríbju:t] 디스트리뷰트

\# She distributed gifts in a bountiful and gracious manner.
그녀는 자비롭고 우아한 태도로 선물을 나누어 주었다.

distributor   분배자, 판매자, 배급업자
[distríbjətər] 디스트리비어터

Vendors are complaining that our distributor takes too long to fill orders.
배급업자가 납품을 늦게 한다고 상인들의 원성이 자자해요.

district   지역
[dístrikt] 디스트릭트

We have every confidence to recommend to you the firm you inquire about as one of the most reliable exporters in our district.
귀사가 조회하신 회사는 이 지역에서 가장 믿을 만한 수출업자의 하나로서 자신 있게 추천합니다.

disturb   방해하다, ～의 마음을 어지럽게 하다
[distə́:rb] 디스터브

Will everything be okay as long as I do not disturb that?
이것만 안 건드리면 아무 일 없는 거죠?

dive   (물속에) 뛰어들다
[daiv] 다이브

He dived from the bridge to rescue the drowning child.
그는 물에 빠진 아이를 구하기 위해 다리에서 뛰어들었다.

diverse   다양한, 각양각색의
[divə́:rs, dai-, dáivə:rs] 디버스

The exhibit showed the painter's diverse output.
전시회에서 그 화가의 다양한 작품을 보여 주었다.

diversify 다양화하다
[divə́:rsəfài, dai-] 디버서파이

We are very diversified.
저희는 취급하는 제품이 매우 다양합니다.

divest (지위·권리 등을) 빼앗다
[divést] 디베스트

Many feel that local councils should be divested of their public health responsibilities
많은 사람들이 지역의회에서 공공보건 의무를 박탈해야 한다고 생각한다.

dividend 배당금
[dívidènd] 디비덴드

They cannot receive any dividends until the money owed to the bondholders has been paid off.
그들은 채권 소지자에게 빚진 돈을 다 갚을 때까지 배당금을 전혀 받을 수 없다.

division 부서, 분할, 배당, 나눗셈, 칸막이
[divíʒən] 디비전

I'll get you his division.
그의 부서로 연결시켜 드리겠습니다.

dock 선창, 부두, 격납고
[dɑk, dɔk] 닥

The dock is built out on water.
선착장이 해변가에 지어져 있다.

document 문서, 서류, 기록, 증거자료, 증서, 증권
[dάkjəmənt] 다키어먼트

We have forwarded your documents to Boland for further study and appropriate action.
상세한 검토와 적절한 조처를 취하도록 귀하의 서류를 볼랜드 사로 보냈습니다.

domestic 가정의, 국내의, 사육되어 길든
[douméstik] 도우메스틱

The specifications of export models differ in varying degrees from domestic versions.
수출용 제품은 국내용 제품과는 기종마다 차이가 있다.

dominate 지배하다, 통치하다, 억제하다, 보급하다
[dάmənèit, dɔ́m-] 다머네잇

The chairman of the committee tends to dominate.
그 위원회의 위원장은 지배하려는 경향을 가졌다.

donate 기증하다, 기부하다
[dóuneit] 도우네잇

Several wealthy businessmen have donated generously to the hospital fund.
몇몇 부유한 사업가들이 병원 기금에 후원금을 많이 냈다.

dosage 투약, 조제, (약의 1회분) 복용량
[dóusidʒ] 도우시지

Do not exceed the recommended dosage.
권장된 복용량을 초과하지 마시오.

dose
[dous] 도우스

(약의) 1회분, (1회의) 복용량, 투약하다, 복용시키다

What is the appropriate dose?
어느 정도씩 복용하래요?

dot
[dát] 닷

점점이 산재시키다, 흩어져 있게 하다, 점을 찍다

There are a lot of Italian restaurants dotted around New York.
뉴욕 주변에 많은 이탈리안 식당이 흩어져 있다.

doubt
[daut] 다웃

의심

He seemed to have doubts.
그는 의심하는 것 같았어요.

downcast
[dáunkæ̀st] 다운캐스트

아래로 향한, 기가 꺾인

He seemed very downcast at the news.
그는 그 소식에 아주 풀이 죽은 것 같았다.

downfall
[dáunfɔ̀:l] 다운폴

몰락, 파멸

Greed was his downfall.
탐욕이 그의 파멸의 원인이었다.

downgrade   ~의 품질을 떨어뜨리다, ~의 지위를 떨어뜨리다

[dáungrèid] 다운그레이드

Indonesia also received a downgrade due to the default risks.
또한 인도네시아는 채무 불이행 위험성으로 인해 신용등급이 내려갔다.

downplay   ~을 중시하지 않다, 경시하다

[dáunplèi] 다운플레이

Don't downplay the problem.
그 문제를 경시하지 말아라.

downturn   (경기) 내림세, 침체

[dáuntɔ̀ːrn] 다운턴

The economic downturn has made strong management talent easy to find and cheap to hire.
경기 침체 덕분에 뛰어난 경영 능력을 갖춘 인재를 찾기가 쉬웠고 낮은 임금에 채용할 수 있었다.

draft   도안, 밑그림, 초안, 설계도, 징병

[dræft] 드래프트

When will the first draft be ready?
언제쯤 초안이 나오겠어요?

drag   질질 끌다

[dræg] 드래그

Your skirt is dragging on the ground.
당신 치마가 땅에 끌려요.

drain
[drein] 드레인

배수하다, 간척하다, 국외로 유출시키다

This field drains quickly.
이 땅은 배수가 잘된다.

drainage
[dréinidʒ] 드레이니지

배수

This soil has good drainage.
이 흙은 배수가 잘된다.

draw
[drɔː] 드로

끌기, 당김, 비김, 무승부

It'll draw them close together.
그것은 그들을 더 가깝게 뭉쳐 줄 것입니다.

drawback
[drɔ́ːbæk] 드로백

단점, 약점, 장애

This is the one major drawback of the new system.
이것은 새로운 시스템에 중대한 단점이다.

dread
[dred] 드레드

두려워하다, 무서워하다

A burnt child dreads the fire.
자라 보고 놀란 가슴 솥뚜껑 보고 놀란다.

This was the moment he had been dreading.
그가 무서워하던 순간이었다.

drench
[dréntʃ] 드렌치

흠뻑 젖게 하다

The athletes were drenched with sweat.
선수들은 땀으로 흠뻑 젖었다.

drink
[driŋk] 드링크

마시다, 술

Would you care for something to drink?
마실 것 좀 드시겠어요?

drive
[draiv] 드라이브

몰다, 운전하다, 가동시키다

It is dangerous not to concentrate while we drive.
운전을 할 때 집중하지 않으면 위험하다.

drool
[dru:l] 드룰

침을 흘리다, 실없는 소리를 하다

The dog was drooling at his mouth.
개는 입에서 침을 흘리고 있었다.

drop
[drɑp] 드랍

떨어뜨리다, 생략하다, 지다

The temperature dropped very low this morning.
오늘 아침은 기온이 매우 낮게 떨어졌다.

drug
[drʌg] 드러그

약, 약품, 마약

Some drugs cause permanent brain damage.
어떤 약물들은 영구적인 두뇌 손상을 초래한다.

drum
[drʌm] 드럼

쿵쿵 두드리다, 드럼

Rain drummed on the windows.
빗물이 유리창을 쿵쿵 두드렸다.

drunk
[drʌŋk] 드렁크

술 취한

He must be raving drunk.
술주정하나 봅니다.

due
[dju:] 듀

만기가 된, ~할 예정인, 지급금

It's a great relief to know that the report is
not due until Tuesday!
보고서 제출 기한이 화요일까지가 아니어서 정말 다행이다!

duel
[djú:əl] 듀얼

결투

The two men fought a duel over the lady.
두 남자는 여자 때문에 결투했다.

duplicate
[djú:pləkit] 듀플러킷

이중의, 중복의

Turn in your resume in duplicate.
이력서를 두 통 내 주십시오.

duplicity
[dju:plísəti] 듀플리서티

표리부동, 사기, 이중성, 중복

\# I suspect him of duplicity.
그가 이심을 품고 있지 않은지 의심스럽다.

durable
[djúərəbəl] 듀어러벌

오래 견디는

\# Because it is durable and easy to dye, cotton is an important textile fiber.
그것은 내구성이 있고 염색하기 쉽기 때문에, 면은 중요한 직물섬유이다.

duration
[djuəréiʃən] 듀어레이션

내구성, 지속, 기간

\# Please let us know your expected date of arrival and the duration of your stay.
귀하의 도착 예정일과 체류 기간을 알려 주시면 감사하겠습니다.

duty
[djú:ti] 듀티

의무, 책임, 도의, 의리, 세금, 관세, 병역

\# I bought some things in a duty-free shop before the boarding.
탑승하기 전에 면세점에서 몇 가지를 샀다.

dwell
[dwel] 드웰

살다, 거주하다, 머무르다

\# Stop dwelling on the little things.
작은 일에 연연하지 말아요.

D

dye
[dái] 다이

염색하다

She dyed her hair blonde.
그녀는 자기 머리를 금발로 염색했다.

dying
[dáiŋ] 다잉

매우 ~하고 싶어 하는

I'm dying for a glass of water.
나는 물 한 잔을 마시고 싶어요.

1. 폭풍이 넓은 지역에 걸쳐 **피해**를 가져왔다.

The storm caused extensive _____.

2. 공부를 열심히 해야겠다고 **다짐**했다.

I made a _____ to study hard.

3. **적자**는 점차 감소되어 가고 있다.

The _____ has been diminishing little by little.

4. 은행에 **예금하였다**.

I _____ money in the bank.

5. 그 **장치**가 천정에 단단히 붙어 있는지 확인하세요.

Make sure that the _____ is attached firmly to the

ceiling.

6. 버스가 다른 **방향**으로 가고 있었다.

The bus was going in other _____.

7. 문제 해결을 위해 조별로 **토론했다**.

We _____ in groups for solving the problem.

8. 그는 **의심**하는 것 같았어요.

He seemed to have _____.

1. damage   2. decision   3. deficit   4. deposited
5. device   6. direction   7. discussed   8. doubts

eager
[íːgər] 이거

열망하는, 간절히 바라는, 열심인

I'm eager to enter the Seoul National University.
나는 서울 대학교에 가기를 열망한다.

earning
[ɔ́ːrniŋ] 어닝

벌이, 소득, 획득, 수익

Please send us a complete report on the sales and earning to date.
현재까지의 매출과 수익에 대한 정확한 보고서를 보내 주세요.

earthquake 지진
[ɔ́ːrθkwèik] 어쓰퀘익

The earthquake claimed hundreds of lives.
그 지진이 수백 명의 목숨을 앗아 갔다.

eclipse
[iklíps] 이클립스

(일식·월식의) 식, 가리다

He remained in eclipse for many years after his death.
그는 사후 수년 동안 빛을 보지 못했다.

ecologist 생태학자

[iːkálədʒist, -kɔ́l-] 이칼러지스트

The ecologist warned us that petroleum was not merely a blessing but also a curse.
그 생태학자는 석유는 하늘의 축복일 뿐만 아니라 재난의 근원이기도 하다고 경고했다.

economic 경제의

[iːkənámik] 이커나믹

I want to major in economics at the university.
대학에서 경제학을 전공하고 싶다.

economical 경제적인, 절약하는

[iːkənámikəl] 이커나미컬

Larger tubes of toothpaste are more economical.
더 큰 크기의 치약이 경제적이다.

economize 절약하다, 아끼다

[ikánəmàiz] 이카너마이즈

We're spending far too much money. We must economize.
우리는 돈을 너무 많이 쓴다. 절약해야겠다.

economy 경제, 검약, 절약

[ikánəmi] 이카너미

They failed to fulfill their promises to revive the economy.
그들은 경제를 회복시키겠다는 자신들의 약속을 이행하지 못했다.

edge
[edʒ] 에지

테두리, 가장자리, (칼 따위의) 날

Don't put that glass so near the edge of the table.
잔을 식탁 가장자리 가까이에 놓지 마라.

edition
[idíʃən] 이디션

(초판·재판의) 판, 간행, 발행부수, 책

A revised edition of the encyclopedia was published.
그 백과사전의 개정판이 출간되었다.

eerie
[íəri] 이어리

기분이 나쁜, 무시무시한

She heard the eerie noise of the wind howling through the trees.
그녀는 나무를 통하여 바람이 세차게 부는 이상한 소리를 들었다.

effect
[ifékt] 이펙트

결과, 효과, 영향

The medicine showed its effect immediately.
그 약은 즉시 약효를 나타냈다.

effective
[iféktiv] 이펙티브

유효한, 효과적인

The law is no longer effective.
그 법은 이제 효력이 없다.

effort 노력
[éfərt] 에퍼트

\# It took up a lot of effort and time to finish the homework.
숙제를 하는 데 많은 노력과 시간이 필요했다.

either 둘 중 어느 하나, ~나 ~나
[íːðər, áiðər] 이더

\# Either way, the result is the same.
엎치나 메치나 마찬가지잖아요.

elbow 팔꿈치
[élbou] 엘보우

\# The leather jacket has worn out at the elbows.
가죽 재킷의 양쪽 팔꿈치 부분이 닳아 빠졌다.

election 선거, 당선
[ilékʃən] 일렉션

\# The outcome of the election is a foregone conclusion.
선거 결과는 명약관화하다.

elegant 우아한, 품위 있는
[éligənt] 엘리건트

\# An elegant Parisian, his luxurious tastes and fashionable wardrobe dazzle everyone.
멋진 파리 사람으로, 사치스런 취향과 최신 유행의 옷을 입은 그는 모든 사람을 눈부시게 만든다.

elementary 기본의, 초보의, 초등교육의
[èləméntəri] 엘러멘터리

We were classmates in elementary school.
그는 초등학교 동창입니다.

elevate (들어) 올리다, 높이다, 승진시키다
[éləvèit] 엘러베잇

elevate a bucket by a rope
밧줄로 들통을 들어 올리다

elicit 이끌어 내다, 꾀어내다, 유도해 내다
[ilísit] 일리싯

The detectives tried to elicit where he had hidden his loot.
형사들은 그가 어디에 장물을 숨겼는지를 밝혀내려고 애썼다.

eliminate 제거하다
[ilímənèit] 일리머네잇

New procedures have been adopted to eliminate the possibility of such problems happening again.
이러한 문제의 재발 가능성을 없애기 위해 새로운 절차를 채택했습니다.

embarrassed 당혹한, 어리둥절한, 궁색한
[imbǽrəst] 임베러스트

I was too embarrassed about undressing in front of the doctor.
나는 의사 앞에서 옷 벗는 게 너무나 당혹스러웠다.

embed
[imbéd] 임베드
깊숙이 박다, 파묻다

The thorn was embedded in her thumb.
그녀의 엄지손가락에 가시가 박혀 있다.

emboss
[embɔ́s, -bɑ́s, im-] 엠보스
도드라지게 새기다, 부풀리다, 융기시키다

The gold cup is embossed with a design of flowers.
금배에는 꽃무늬가 돋을새김으로 되어 있다.

emerge
[imə́:rdʒ] 이머지
나오다, 나타나다

The moon emerged from behind the clouds.
달이 구름 뒤에서 모습을 드러냈다.

emergency
[imə́:rdʒənsi] 이머전시
비상 사태, 돌발 사태, 위급

The emergency suddenly came up.
갑자기 급한 일이 생겼어요.

emigrate
[émigrèit] 에미그레잇
이주하다, 이사하다, 이민 가다

If you emigrate, you leave your own country to live in another country.
만일 당신이 이주한다면, 당신은 다른 나라에 살기 위해서 당신 자신의 나라를 떠나게 된다.

eminent
[émənənt] 에머넌트

저명한, 유명한, 현저한, 두드러진

After his appointment to this eminent position, he seldom had time for his former friends.
이런 고위직에 임명된 후에, 그는 옛 친구들과 보낼 시간이 거의 없었다.

emit
[imít] 이밋

내다, 발하다, 방출하다, 발행하다

Most of the lava was emitted during the first few hours of the eruption.
대부분의 용암은 화산 폭발 첫 몇 시간 동안에 분출되었다.

emphasis
[émfəsis] 엠퍼시스

강조

This school put special emphasis on foreign language study.
이 학교는 외국어 학습을 특히 강조한다.

employ
[emplɔ́i] 엠플로이

고용하다, 쓰다, 사용하다

Our company does not employ non-Koreans.
우리 회사는 외국인을 채용하지 않습니다.

employee
[implɔ́ii:] 임플로이이

고용인, 사용인, 종업원

The company dismisses its employees only in cases of gross misconduct.
그 회사는 직원들이 엄청난 부정행위를 할 경우에만 해고시킨다.

employer 고용주, 사용자
[emplɔ́iər] 엠플로이어

The employer dismissed three employees.
그 고용주는 세 명의 종업원을 해고했다.

emptiness 텅 빔, 공허, 덧없음, 무가치
[émptines] 엠티네스

Any feeling of emptiness is an illusion.
빈 공간이라는 느낌은 환상에 불과합니다.

empty 비우다
[émpti] 엠티

I emptied out my pockets but could not find my keys.
나는 주머니를 비웠지만 열쇠를 찾을 수 없었다.

enact 법제화하다, 공연하다
[enǽkt] 에낵트

It was enacted that offenders be brought before Council.
범법자들은 평의회에 불려 오도록 규정되었다.

encamp 진을 치다, 야영하다, 주둔시키다
[enkǽmp] 엔캠프

The soldiers are encamped in the forest.
그 병사들은 숲속에서 야영을 한다.

enchant 매혹하다
[entʃǽnt, -tʃɑ́ːnt] 엔챈트

He was enchanted by the beauty of the scenery.
그는 그 풍경의 아름다움에 매료되었다.

enclose 둘러싸다, 동봉하다
[enklóuz] 엔클로우즈

We trust the notalized documentation enclosed will complete things.
동봉한 공증서로 필요한 서류가 모두 구비되리라 생각합니다.

encode 암호화하다, 기호화하다
[enkóud] 엔코우드

Two genes that encode eye-pigment proteins have been found on this chromosome.
눈 색소단백질을 암호화하는 두 개의 유전자가 이 염색체에서 발견되었다.

encounter 우연히 만나다, 마주치다, 맞서다
[enkáuntər] 엔카운터

I encountered a childhood friend by chance.
나는 어릴 적 친구를 우연히 만났다.

encourage 용기를 돋우다, 격려하다, 장려하다, 조장하다
[enkɔ́ːridʒ, -kʌ́r-] 엔커리지

My teacher always encourages me to make my dream come true.
나의 선생님은 나의 꿈을 실현하도록 항상 격려해 주신다.

endorse
[endɔ́:rs] 엔도스

지지하다, 배서하다

The proposal was endorsed by the committee.
그 제안은 위원회의 지지를 받았다.

enduring
[indjúəriŋ, en-] 인듀어링

지속하는, 영속적인, 참을성이 강한

The poetic material is life as it is known to the emotions, and the emotions are universal and enduring.
시의 소재는 감정에 알려져 있는 그대로 인생인데, 감정은 보편적이며 지속적이다.

energy
[énərdʒi] 에너지

정력, 활기, 원기

You are taking heat energy away.
너는 열에너지를 빼앗고 있다.

engage
[engéidʒ] 엔게이지

약속하다, 약혼시키다, 고용하다

She was engaged as an interpreter.
그녀는 통역사로 고용되었다.

engrave
[ingréiv] 인그레이브

새겨 넣다

The bracelet was engraved with her name and date of birth.
팔찌에는 그녀의 이름과 생일이 새겨져 있다.

engulf
[ingʌ́lf] 인걸프

완전히 뒤덮다, 감싸다

The flames rapidly engulfed the house.
불꽃이 그 집을 빠르게 뒤덮었다.

enlarge
[enláːrdʒ] 엔라지

확대하다, 증대하다

The building has been considerably enlarged.
그 건물이 상당히 확장되었다.

enormous
[inɔ́ːrməs] 이노머스

매우 큰, 거대한

The main bedroom was enormous.
중앙 침실은 매우 크다.

enrage
[inréidʒ] 인레이지

화나게 하다

She asked him to leave, enraged by his sexist remarks.
그녀는 그의 성차별 발언에 화가 났기 때문에 그에게 떠나라고 했다.

enrollment
[enróulmənt] 엔로울먼트

등록, 입학

We would appreciate anything you could do to expedite a favorable decision on his enrollment.
그의 입학 신청에 대해 조속히 승인해 주시면 감사하겠습니다.

entail
[entéil] 엔테일

일으키다, 필연적인 결과, 부과하다

His way of living entails great expense.
그의 생활 방식에는 큰 비용이 든다.

enter
[éntər] 엔터

~에 들어가다

I entered a school this year.
올해에 학교에 입학했다.

entertainment
[èntərtéinmənt] 엔터테인먼트

대접, 환대, 연예, 오락

Do you want some great entertainment?
멋진 오락거리를 찾으십니까?

enthusiastic
[enθù:ziǽstik] 엔쑤지애스틱

열정적인

She is very enthusiastic about learning English.
그녀는 매우 열심히 영어를 배운다.

entire
[entáiər] 엔타이어

전체의, 전부의, 완전한

Though smaller than our solar system, a quasar, which looks like an ordinary star, emits more light than an entire galaxy.
그것이 비록 우리의 태양계보다 작아도, 일반 별처럼 생긴 준성은 하나의 은하계 전체보다 더 많은 빛을 발산한다.

entitle
[entáitl] 엔타이틀

~에 제목을 붙이다, 권리를 주다, 자격을 주다

The victims are entitled to be compensated for their injuries.
피해자들은 그들의 부상에 대한 보상을 받을 권리가 있다.

entrance
[éntrəns] 엔트런스

입구, 출입구, 들어감, 입장료

The eyes of all the people in the lobby are turned towards the main entrance.
로비에 있는 모든 사람의 시선이 입구로 향했습니다.

E

equal
[í:kwəl] 이퀄

같은, 동등한, 충분한

He is equal to the task.
그는 그 일에 적격입니다.

equip
[ikwíp] 이큅

~에 설비하다, 장비하다

Your education will equip you for your future life.
당신이 받는 교육은 당신에게 미래의 삶을 살아갈 수 있는 능력을 갖추게 해 줍니다.

equipment
[ikwípmənt] 이큅먼트

장비, 설비, 준비

I bought an expensive equipment.
운동을 위해 비싼 장비를 구입했다.

equivalent   동등한, 같은
[ikwívələnt] 이퀴벌런트

\# These are equivalent to endorsement by a
licensed CPA here.
이곳에서 이 서류들은 공인회계사의 승인에 필적합니다.

erupt   분출하다, 쏟아져 나오다
[irʌ́pt] 이럽트

\# Ash began to erupt from the crater.
화산재가 분화구에서 분출하기 시작했다.

escape   탈출하다, 새다, 흐려지다
[iskéip] 이스케입

\# They escaped by a hair's breadth.
그들은 가까스로 탈출했다.

essential   본질적인, 실질의, 필수의, 기본적인
[isénʃəl] 이센셜

\# I think that health is essential to happiness.
행복하려면 건강이 필수적인 것이라고 생각한다.

establish   설치하다, 입증하다
[istǽbliʃ] 이스태블리시

\# Through the effective use of these materials,
we hope to better establish the Boland brand
in your market.
이 자료를 효과적으로 사용하여, 그쪽 시장에서 볼랜드
브랜드의 위치가 더욱 확고해지기를 바랍니다.

established   확립된, 확인된, 설립된, 인정된

[istǽbliʃt] 이스태블리싯

I'm up to here with the established politicians.
난 기성 정치인들에겐 신물이 났어요.

estimate   어림잡다, 통계적으로 예측하다

[éstəmèit] 에스터메잇

How much did you estimate this job is going to cost us?
당신은 이 일의 예산이 얼마라고 견적을 냈지요?

ethnic   인종의, 민족의

[éθnik] 에쓰닉

Ethnic minorities struggle against prejudice, poverty and so on.
소수 민족들은 편견과 빈곤 등 여러 가지 문제와 싸우고 있다.

etymology   어원, 어원학

[ètəmάlədʒi, -mɔ́l-] 에터말러지

I want to trace the etymology of the word, 'love.'
나는 '사랑'이란 단어의 어원을 밝히고 싶어요.

evacuation   배출, 배설, 배설물, 피난

[ivæ̀kjuéiʃən] 이배큐에이션

The government issued an evacuation order to the residents.
정부는 주민들에게 피난 명령을 내렸다.

evaluation 평가하다
[ivǽljuèiʃən] 이밸류에이션

Employee performance evaluations are due on Friday.
직무 능력 평가서는 금요일에 제출해야 한다.

eventual 결국의, 최후의, 결과로서 일어나는
[ivéntʃuəl] 이벤추얼

He may take eventual control of the company.
그가 결국은 그 회사의 경영권을 쥐게 될 것이다.

evidence 증거, 증언, 형적, 흔적
[évidəns] 에비던스

New evidence has recently come to light.
새로운 증거가 최근에 드러났다.

examine 시험하다, 검사하다, 조사하다, 심사하다, 진찰하다
[igzǽmin] 이그재민

I had my eyes examined.
시력 검사를 했다.

exceed 초과하다, ~보다 뛰어나다
[iksíːd] 익시드

Do not exceed the recommended dosage.
권장된 복용량을 초과하지 마시오.

excellent 우수한, 훌륭한, 뛰어난
[éksələnt] 엑설런트

I think my school teachers are excellent.
우리 학교 선생님들은 훌륭하신 것 같다.

except 제외하다
[iksépt] 익셉트

The interdepartmental mail arrives at three every day, except on Thursdays.
부서 내 우편물은 목요일을 제외하고 매일 3시에 도착한다.

excessive 과도한, 지나친
[iksésiv] 익세시브

Excessive drinking tends to produce a disease of the liver.
과도한 음주는 간장병을 일으키는 경향이 있다.

exclude 못 들어오게 하다, 배척하다, 제외하다, 배제하다
[iksklú:d] 익스클루드

People under 20 are excluded from the club.
20세 미만인 사람들은 그 클럽에 들어오지 못한다.

exclusively 배타적으로, 독점적으로
[iksklú:sivli] 익스클루시블리

This special offer has been exclusively designed for readers of Home magazine.
이 특별 제의는 오직 홈 잡지 독자들만을 위해 고안된 것이다.

excuse
[ikskjú:z] 익스큐즈

용서하다, 변명하다

I couldn't understand his excuse.
그의 변명을 이해할 수 없었다.

execute
[éksikjù:t] 엑시큐트

실행하다, 수행하다, 사형을 집행하다

The plan was good, but it was badly executed.
그 계획은 좋았는데, 실행이 제대로 되지 않았다.

executive
[igzékjətiv] 이그젝키어티브

경영의, 행정의, 경영진, 운영진

She did well in the firm because of her executive abilities.
그녀는 경영 능력이 있어서 그 회사에서 일을 잘했다.

exhibit
[igzíbit] 이그지빗

전시하다, (징후를) 나타내다, 전시품

There was a dinosaur exhibit.
공룡 전시회도 있었다.

exist
[igzíst] 이그지스트

존재하다, 실존하다, 생존하다

We cannot exist without food or water.
식량이나 물 없이는 살아갈 수 없다.

exit
[égzit, éksit] 엑짓

출구, 나감, 퇴장

\# I don't know which exit I should use.
어느 출구로 나가야 하는지 모르겠다.

expand
[ikspænd] 익스팬드

펼치다, 확장하다, 확대하다

\# We look forward to an expanding
relationship in your new capacity.
귀하의 새 지위에서도 관계를 더 증진해 나가기를 바랍니다.

expansion
[ikspǽnʃən] 익스팬션

팽창, 확장, 확대

\# The expansion of the factory means over
a hundred new jobs.
그 공장의 확장은 새로운 일자리가 백 군데 이상 생김을
의미한다.

expectation
[èkspektéiʃən] 엑스펙테이션

예상, 기대, 가능성, 확률

\# It is only regrettable that the car has not lived
up to your expectations.
저희 차가 귀하의 기대에 부응하지 못했다는 것은 매우
유감스러운 일이 아닐 수 없습니다.

expedite
[ékspədàit] 엑스퍼다잇

신속히 처리하다, 파견하다, 발송하다, 급송하다

\# We hope something can be done to expedite
action on this request.
이 요청이 신속히 처리되도록 조치해 주시기 바랍니다.

expedition 긴 여행, 긴 항해, 탐험, 원정
[èkspədíʃən] 엑스퍼디션

They organized an expedition to Mt. Everest.
그들은 에베레스트 원정을 준비했다.

expel 쫓아내다, 방출하다, 배출하다
[ikspél] 익스펠

Following reports of drug-taking at the
school, several senior boys have been
expelled.
학교에서의 약물 흡입이 보고된 데 이어, 상급생 몇 명이
퇴학당했다.

expend 쓰다, 소비하다
[ikspénd] 익스펜드

Don't expend all your energy on such a
useless work.
그처럼 쓸모없는 일에 너의 힘을 모두 쓰지 마라.

expense 소비함, 지출
[ikspéns] 익스펜스

I'm thankful that my dad pays for all the
expenses.
아버지가 모든 비용을 대 주셔서 매우 감사하게 생각한다.

experience 경험
[ikspíəriəns] 익스피어리언스

It's good to have some experience before
graduating.
졸업하기 전에 경험을 쌓는 것은 좋은 것이죠.

experiment 실험

[ikspérəmənt] 익스페러먼트

\# I'm bent on the outcome of the experiment.
난 그 실험결과에 큰 기대를 걸고 있어요.

expert 전문가

[ékspəːrt] 엑스퍼트

\# On technical matters, I defer to the experts.
기술적인 문제들에 관해서는 전문가들의 뜻에 맡기겠다.

expertise 전문가의 의견, 전문 기술, 감정

[èkspəːrtíːz] 엑스퍼티즈

\# They have considerable expertise in dealing
with oil spills.
그들은 유정을 다루는 데 상당한 전문 지식을 지니고 있다.

expiration 종결, 만료, 만기, 숨을 내쉼

[èkspəréiʃən] 엑스퍼레이션

\# This product is passed its expiration date.
이 제품은 유통기한이 지났습니다.

expire 끝나다, 만기가 되다, 숨을 내쉬다

[ikspáiər] 익스파이어

\# I wanted to apply for the company, but the
time for application expired yesterday.
그 회사에 지원하려고 했으나, 어제로 마감되었다.

explain　～을 설명하다, 해석하다
[ikspléin] 익스플레인

He had to appear before the committee to
explain his behavior.
그는 자신의 행동을 설명하기 위해서 위원회에 출두해야
했다.

explanation　설명, 해설, 변명
[èksplənéiʃən] 엑스플러네이션

I understood the teacher's explanation well.
나는 선생님의 설명이 이해가 잘 되었다.

explode　폭발시키다, 폭발하다
[iksplóud] 익스플로우드

At last his anger exploded.
마침내 그의 분노가 폭발했다.

exploration　탐험, 탐구
[èkspləréiʃən] 엑스플러레이션

The training that astronauts receive teaches
them how to withstand the hazards of space
exploration.
우주 비행사들이 받는 훈련은 우주 탐험의 위험을 견디는
방법을 그들에게 가르쳐 준다.

explore　탐험하다, 탐구하다
[iksplɔ́:r] 익스플로어

We have some points we need to explore
farther.
좀 더 검토가 필요한 점이 있습니다.

export 수출하다
[ikspɔ́ːrt] 익스포트

It is our intention to confine ourselves to
export business in silk manufactures.
견제품의 수출거래를 전문으로 하고자 합니다.

expose 노출시키다
[ikspóuz] 익스포우즈

His back was badly burnt because he
exposed it to the sun for too long.
그가 너무 오랫동안 햇빛에 등을 노출시켜서 그것이 심하게
탔다.

E

exposition 박람회, 전람회, 설명, 해설, 제시, 폭로
[èkspəzíʃən] 엑스퍼지션

Artists and dealers from across the world will
take part in the exposition.
전 세계 예술가들과 매매자들이 이번 전시회에 참여할
것이다.

exposure 노출, 폭로
[ikspóuʒər] 익스포우저

Exposure of the body to strong sunlight can
be harmful.
강한 햇빛에 신체를 노출하는 것은 유해할 수 있다.

express 표현하다, 급행, 급행의
[iksprés] 익스프레스

I try to express my thought in English.
나는 영어로 내 생각을 표현하려고 노력한다.

expulsion 추방, 제명
[ikspʌ́lʃən] 익스펄션

I would be unwilling to vote for the expulsion
of club members just because they are
behind in their dues.
회비를 내지 않았다는 이유로 클럽 회원들을 제명하자는 데
대한 지지표를 던지고 싶지 않다.

extend 뻗다, 펴다, 확장하다
[iksténd] 익스텐드

We would ask you to extend the shipping
date and validity of the credit to the end of
October and November 15 respectively.
이 신용장의 선적기와 유효기간을 10월 말과 11월 15일까지로
각각 연장하여 주십시오.

extenuate 참작하다, 변명하다, ~을 과소평가하다
[iksténjuèit] 익스테뉴에잇

It is easier for us to extenuate our own
shortcomings than those of others.
우리는 남들의 단점보다 자기 단점을 변명하는 것이 더 쉽다.

extinguish 끄다, 진화하다
[ikstíŋgwiʃ] 익스팅귀시

The fire brigade successfully extinguished the
blaze.
소방대는 그 불길을 성공적으로 진화했다.

extinguisher   불을 끄는 사람, 소화기

[ikstíŋgwiʃər] 익스팅귀셔

I hope you'll never use this.
It's an extinguisher.
자네가 이걸 결코 사용하지 않기를 바라네. 소화기거든.

extra   여분의, 임시의

[ékstrə] 엑스트러

I changed the light bulb that went out
because I had extra ones.
여분의 전구가 있어서 나간 전구를 갈아 끼웠다.

extract   뽑아내다, 발췌하다, 인용하다

[ikstrǽkt] 익스트랙트

From the same flower the bee extracts honey
and wasp gall.
같은 꽃에서 꿀벌은 단 것을 빨아들이고 땅벌은 쓴 것을
빨아들인다.

extremely   극단적으로, 극도로, 아주, 대단히, 몹시

[ikstrí:mli] 익스트림리

That was an extremely offensive remark.
그것은 몹시 모욕적인 말이었다.

extrovert   외향적인 사람

[ékstrouvə̀:rt] 엑스트로우버트

A good salesman is usually an extrovert, who
likes to mingle with people.
훌륭한 외판원은 사람들과 어울리기를 좋아하는 외향적인
사람이다.

eye
[ái] 아이

눈여겨보다, 주의 깊게 보다

#I could see her eyeing my lunch.
나는 그녀가 내 점심을 눈여겨보는 것을 알 수 있다.

1. 숙제를 하는 데 많은 **노력**과 시간이 필요했다.

It took up a lot of [_____] and time to finish the homework.

2. 갑자기 **급한 일**이 생겼어요.

The [_____] suddenly came up.

3. 우리 회사는 외국인을 **채용하지** 않습니다.

Our company does not [_____] non-Koreans.

4. 나는 어릴 적 친구를 **우연히 만났다.**

I [_____] a childhood friend by chance.

5. 행복하려면 건강이 **필수적인** 것이라고 생각한다.

I think that health is [_____] to happiness.

6. 새로운 **증거**가 최근에 드러났다.

New [_____] has recently come to light.

7. 그처럼 쓸모없는 일에 너의 힘을 모두 **쓰지** 마라.

Don't [_____] all your energy on such a useless work.

8. 나는 영어로 나의 생각을 **표현하려고** 노력한다.

I try to [_____] my thought in English.

1. effort **2.** emergency **3.** employ **4.** encountered
5. essential **6.** evidence **7.** expend **8.** express

175

F

fabric
[fǽbrik] 패브릭

직물, 구조, 조직

These are high quality fabrics.
이것들은 품질이 우수한 직물이다.

facility
[fəsíləti] 퍼실러티

쉬움, 재주, 능숙, 편리, 시설

They took full advantage of the hotel's facilities.
그들은 호텔 시설들을 최대한 활용했다.

factor
[fǽktər] 팩터

요인, 요소

These terms constitute a special policy consideration based on careful study of your market and other related factors.
이 조건들은 귀하의 시장 상황과 그 외 관련된 요인들에 근거해 특별한 정책들을 고려한 것으로 구성되어 있다.

factory
[fǽktəri] 팩터리

공장

He had to close the factory down in the recession.
그는 경기 침체로 공장 문을 닫아야 했다.

faculty
[fǽkəlti] 패컬티

능력, 기능, 재능, (대학의) 학부, 교직원

\# She seems to have a faculty to making friends.
그녀에게는 친구를 사귀는 능력이 있는 듯 보인다.

fad
[fæd] 패드

일시적 유행, 변덕

\# Disco pants are the fad now.
디스코 바지가 지금 유행입니다.

fading
[féidiŋ] 페이딩

쇠퇴, 퇴색

\# His physical strength is fading away.
그의 체력은 쇠퇴해지고 있다.

failure
[féiljər] 페일리어

실패(자), 불이행, 파산, 낙제, 쇠약, 감퇴

\# His failure made me sad.
그의 실패가 나를 슬프게 만들었다.

faint
[feint] 페인트

어렴풋한, 희미한, 약한, 기절

\# I came out of a faint in the hospital.
병원에서 기절했다가 깨어났다.

fair
[fɛər] 페어

공평한, 꽤 많은, 상당한, 맑은

\# Life is not always fair.
삶은 항상 공평하지 못한 것 같아요.

fake
[feik] 페익

위조하다, 속이다, 가장하다, 훔치다, 위조품

\# He faked his father's signature.
그는 아버지의 서명을 위조했다.

\# The dealer sells authentic stamps, not fakes.
그 상인은 가짜가 아닌 진짜 우표만 판매한다.

fall
[fɔːl] 폴

떨어지다, 가을

\# There was a sharp fall in steel stocks.
철강주가 폭락했다.

false
[fɔːls] 폴스

잘못된, 거짓의

\# His whole life as a police officer has been lived on false premises.
경찰관으로서 그의 평생은 잘못된 논리를 바탕으로 살아온 것이다.

fame
[feim] 페임

명성

\# Such fame is not for such as me.
그런 명성은 나에게는 과분하다.

familiar
[fəmíljər] 퍼밀리어

친한, 가까운, 잘 알고 있는, 흔한, 보통의

\# He looks kind of familiar.
그는 어디서 많이 본 사람 같았다.

fare
[fɛər] 페어

운임, 요금

You can put the fare directly in the fare box, but using a bus card is much more convenient.
요금은 직접 요금함에 넣어도 되지만, 버스카드를 사용하면 편해요.

fashion
[fǽʃən] 패션

방식, 양식, 유행

I want the haircut in fashion.
요즘 유행하는 머리 모양으로 하고 싶다.

fast
[fæst, fɑːst] 패스트

빠른, 고속의, 급속한, 단단한

I wanted to finish my homework as fast as possible.
가능한 숙제를 빨리 끝내고 싶었다.

fasten
[fǽsn, fɑːsn] 패슨

묶다, 붙들어 매다, 잠그다, 채우다

Please fasten your seat belt.
안전벨트 매세요.

fatigue
[fətíːg] 퍼티그

피로, 피곤

As we moved up the mountain, I had a feeling of dizziness and fatigue induced by the thin air.
우리가 산 위로 올라갔을 때, 나는 희박한 공기에서 오는 현기증과 피로감을 느꼈다.

favor

[féivər] 페이버

호의, 친절, 부탁, 찬성, 호의를 베풀다

I was favored by fortune.
저에게는 행운이 따랐어요.

favorable

[féivərəbəl] 페이버러벌

호의를 보이는, 찬성의, 승낙의, 유리한

We hope to receive a favorable response, and can assure you of our very best service.
당사는 호의적인 회답을 받기를 바라고 있으며, 당사 최고의 조력을 귀사에 다하리라 확신합니다.

favorite

[féivərit] 페이버릿

마음에 드는 것, 좋아하는

My favorite singer gave a concert.
내가 가장 좋아하는 가수가 콘서트를 열었다.

fear

[fiər] 피어

두려워하다, 무서워하다, 근심하다, 망설이다

Confusion on the ship is nothing to fear.
배에서의 혼란은 두려워할 것이 못 됩니다.

feature

[fíːtʃər] 피처

얼굴의 생김새, 특징, 특집기사, 지형

One of the salient features of that newspaper is its excellent editorial page.
저 신문의 두드러진 특징 중의 하나는 사설면이 뛰어나다는 것이다.

federal
[fédərəl] 페더럴

동맹의, 연합의

The federal budget was narrowly approved by Congress.
연방 예산은 간신히 의회의 승인을 얻었다.

fee
[fi:] 피

요금, 수수료, 수업료

The tuition fee was too high.
학비가 너무 비쌌다.

feed
[fi:d] 피드

먹을 것을 주다

I have to feed a family of five.
난 다섯 식구를 먹여 살려야 합니다.

feedback
[fí:dbæk] 피드백

반응, 의견

We've had a lot of good feedback on it.
소비자들로부터 좋은 반응이 들어오고 있죠.

felony
[féləni] 펠러니

중죄

The culprit pleaded guilty to a misdemeanor rather than face trial for a felony.
용의자는 중죄의 출석 재판보다는 경범죄가 되도록 사정했다.

ferry
[féri] 페리

나루터, 나룻배, 연락선

\# How long did your ferry boat take to get there?
거기에 가는데 배로 얼마나 걸렸어?

fetch
[fetʃ] 페치

가져오다, 데려오다, 자아내다, 마음을 사로잡다

\# I have to fetch the children from school.
나는 아이들을 학교에서 데려와야 한다.

fiber
[fáibər] 파이버

섬유, 실, 기질, 내구성

\# Dried fruits are especially high in fiber.
말린 과일에는 섬유질이 특히 많다.

fickle
[fíkəl] 피컬

변하기 쉬운, 변덕스러운

\# He discovered she was fickle and went out with many men.
그는 그녀가 변덕스러워서 많은 남자들과 사귀었다는 것을 알았다.

fight
[fait] 파잇

싸우다, 전투하다

\# I had a fight with Sujin at school.
나는 학교에서 수진이와 싸웠다.

F

figure
[fígjər] 피기어

숫자, 계산, 수치, 모양, 형상, 도안, 사람, 비유

Give me a ball-park figure.
어림수로 말씀해 주십시오.

file
[fail] 파일

철하다, 정리 보관하다, 파일

Do you mean the papers that I filed in the storage room last week?
지난주에 창고에 두었던 그 서류 말씀하세요?

fill
[fil] 필

채우다

My heart is filled with pride.
가슴이 뿌듯해요.

film
[film] 필름

얇은 껍질, 필름, 영화

I'm going to see a recently released film.
나는 최근에 개봉된 영화를 볼 것이다.

filter
[fíltər] 필터

여과기, 여과하다

Ozone is the earth's primary filter for ultraviolet radiation.
오존은 자외선 복사를 걸러 내는 지구의 1차 여과기이다.

filthy

[fílθi] 필씨

불결한, 더러운

My glass isn't so filthy.
제 잔이 그렇게 더럽진 않아요.

finance

[finǽns, fáinæns] 피낸스

재정, 재무

Many community colleges and part-time programs are designed especially for students with limited finances.
많은 지역대학과 시간제 프로그램은 특히 경제적으로 어려운 학생들을 위해 고안된 것이다.

financial

[finǽnʃəl] 피낸셜

재정의, 재무의

Enclosed is the financial statement for our company that you ask for.
귀사가 의뢰하신 폐사의 재정 보고서를 동봉합니다.

fire

[faiər] 파이어

불, 해고하다, 발포하다

Someone made a fire in the campfire.
캠프파이어에 불을 붙였다.

firm

[fə:rm] 펌

굳은, 단단한, 변동이 적은, 회사

The firm employs more women than men.
그 회사는 남자보다 여자를 더 많이 채용한다.

fiscal
[fískəl] 피스컬

국고의, 재정(상)의, 회계의

Fiscal regulations are in the hands of politicians.
재정 규제는 정치가들의 손에 달려 있다.

firsthand
[fə́:rsthǽnd] 퍼스트핸드

직접의

Being able to see your impressive Atlas operation firsthand was the highlight of our trip.
귀사의 훌륭한 아틀라스 계획을 직접 보게 된 것이 이번 여행 중에서 가장 큰 수확이었습니다.

fit
[fit] 핏

꼭 맞는, 알맞은, 튼튼한, 입혀 보다

The pants fitted me very well.
그 바지가 나에게 꼭 맞았다.

fix
[fiks] 픽스

붙이다, 응시하다, 결정하다, 고치다

Will you fix the shelf to the wall?
벽에 선반 좀 고쳐 줄래요?

flap
[flæp] 플랩

퍼덕거리다, 펄럭이다, 찰싹 때리다

With a flap of its wings, the bird was gone.
새가 날개를 펄럭이며 날아갔다.

flat
[flæt] 플랫

평평한, 아파트, 재미없는, 타이어가 펑크 난

\# John claimed that the earth was flat.
존은 지구가 평평하다고 주장했다.

flavor
[fléivər] 플레이버

풍미, 맛, 조미료

\# What flavor would you like?
어떤 맛으로 드릴까요?

flaw
[flɔ:] 플로

결점, 결함

\# Huck hung his head in shame as Miss Watson enumerated his many flaws.
헉은 왓슨 양이 자기 결점을 하나하나 언급하는 바람에 부끄러워 머리를 숙였다.

flee
[fli:] 플리

달아나다, 도망하다

\# Most of the nobility fled during the revolution.
혁명 중에는 대부분의 귀족들이 도망을 갔다.

fleet
[fli:t] 플리트

함대, 어느덧 지나가다

\# Their time together will be fleeting.
함께 지내는 시간은 금방 지나갈 것입니다.

flexible
[fléksəbəl] 플렉서벌

구부리기 쉬운, 굴절성의, 융통성이 있는

Therefore, you need to be flexible and adapt your studies to your learning style.
그러므로 당신은 융통성이 필요하고 당신의 공부를 당신의 학습 방식에 맞추어야 한다.

flight
[flait] 플라잇

비상, 비행, 날기

The weather is favorable for the flight.
날씨가 비행하기에 알맞다.

float
[flout] 플로웃

뜨다, 표류하다, 설립되다

She was frightened by the amorphous mass which had floated in from the sea.
그녀는 바다에서 떠내려온 무정형의 덩어리를 보고 놀랐다.

floral
[flɔ́:rəl] 플로럴

꽃의, 꽃 같은, 꽃무늬의

floral arrangement
꽃꽂이

flour
[flauər] 플라우어

밀가루

I blended milk and butter into the flour.
나는 밀가루에 우유와 버터를 잘 섞었다.

188

fluent
[flúːənt] 플루언트

유창한, 유동하는, 융통성 있는

\# I will study English until I am fluent.
유창해질 때까지 영어를 공부할 거예요.

focus
[fóukəs] 포우커스

초점, 중심

\# The picture is out of focus.
화면의 초점이 맞지 않습니다.

folklore
[fóuklɔːr] 포우클로어

민속, 민속학, 민간전승

\# Paul Bunyan, the mythical hero of the lumberfacks, is the most prominent figure in American folklore.
폴 버니언이라는 벌목인들의 신화적인 영웅은, 미국의 민간설화에 나오는 가장 두드러진 인물이다.

follow
[fálou] 팔로우

좇다, 동행하다, 따라가다

\# Her dog follows her everywhere.
그녀의 개는 어디든 그녀를 따라다닌다.

forbid
[fəːrbíd] 퍼비드

금하다, 허락하지 않다

\# The sewage system of the city so contaminated the water that swimming was forbidden.
그 도시의 하수도 시설이 물을 너무 오염시켜서 수영이 금지되었다.

force
[fɔːrs] 포스 힘, 세력, 효과, 효력, 무력, 군대

It will force our existing customers to go with other suppliers.
오랜 단골마저도 거래처를 다른 곳으로 바꿀 것입니다.

forecast
[fɔ́ːrkæ̀st, -kɑ̀ːst] 포캐스트 예상, 예측, 예보

The weather forecast predicted sunshine for tomorrow.
일기 예보에서 내일 날씨가 맑을 것이라고 예보하였다.

foreground
[fɔ́ːrgràund] 포그라운드 (그림·사진의) 전경, 눈에 잘 띄는 위치

We see an old bridge in the foreground of the picture.
그 사진의 전경에 옛 다리가 있다.

foreign
[fɔ́(ː)rin, fɑ́r-] 포린 외국의, 이질적인

His business is for foreign customers.
그는 외국 고객들을 상대로 장사합니다.

forest
[fɔ́(ː)rist, fɑ́r-] 포리스트 숲, 산림

He claimed that he found the money in the forest.
그는 그 돈을 숲에서 발견했다고 주장했다.

forestry

[fɔ́(:)ristri] 포리스트리

임학, 임업, 산림 관리, 삼림지

The Ministry of Agriculture and Forestry
농림부

foretell

[fɔːrtél] 포텔

예언하다

It's impossible to foretell how the game will end.
그 경기가 어떻게 끝날 것인지를 예언하기는 불가능하다.

forgive

[fərgív] 퍼기브

용서하다

Please forgive me for breaking my promise.
약속을 지키지 못한 걸 용서해 주세요.

form

[fɔːrm] 폼

모양, 형식, 종류, 형성하다, 구성하다

In the looking-glass we see the form, in wine the heart.
거울은 모양을 비추고 술은 본심을 비춘다.

format

[fɔ́ːrmæt] 포맷

체제, 판형, 전체 구성

All documentation is to be provided to the employees in the format set by the Committee.
모든 문서는 위원회가 정한 형식에 따라 직원들에게 제공될 것이다.

F

formation
[fɔːrméiʃən] 포메이션

형성, 조직

\# Two factors hastened the formation of the new party.
두 가지 요인이 신당 결성을 재촉했다.

fortune
[fɔ́ːrtʃən] 포천

운, 우연, 운명, 재산, 부

\# I wonder what job promises good fortune.
촉망받는 직업이 무엇인지 궁금하다.

founder
[fáundər] 파운더

창립자, 설립자

\# The founders of our country had indomitable willpower.
우리나라를 건국한 이들은 불굴의 의지력을 지닌 사람들이었다.

fracture
[frǽktʃəːr] 프랙처

분열, 골절

\# The doctor said I had a compound fracture in my leg.
의사 선생님이 내 다리가 복합 골절되었다고 했다.

frame
[freim] 프레임

구조, 구성, 뼈대, 골격

\# Your pressing interest in framing the agreement is very understandable.
계약 구성을 성립시키고자 하는 귀사의 절실한 심정은 잘 압니다.

franchise
[fræntʃaiz] 프랜차이즈

특허, 선거권, 참정권, 체인점 영업권

The original creator of it has to impose total conformity on the franchises.
이 사업의 창안자는 가맹점들이 똑같은 형태를 취하도록 했다.

frank
[fræŋk] 프랭크

솔직한, 숨김없는, 명백한, 공공연한

To be frank, I sometimes doze off too.
솔직히 말하면, 저도 가끔씩 졸아요.

frankly
[fræŋkli] 프랭클리

솔직히, 숨김없이

Frankly speaking, I like the old model design better.
솔직히 말해서, 저는 종전 모델 디자인이 더 좋습니다.

fraud
[frɔ:d] 프로드

사기, 사기꾼, 협잡

I'm going to expose her as a fraud.
전 그녀가 사기꾼임을 밝혀낼 겁니다.

freeze
[fri:z] 프리즈

얼다, 동결되다

I was freezing to death.
얼어 죽는 줄 알았다.

They put the freeze on the payroll.
임금이 동결되었습니다.

freight
[freit] 프레잇

화물, 운송

\# Please let us know the current rates of freight for the following.
다음과 같은 사항에 대한 현재 운송 비율을 알고 싶습니다.

frequency
[fríːkwənsi] 프리퀀시

자주 일어남, 빈번, 빈도, 주파수

\# The number of documents delayed due to site hit frequency rules.
사이트 방문 빈도 규칙 때문에 처리가 지연된 문서 수입니다.

frequent
[fríːkwənt] 프리퀀트

빈번한

\# Frequent eye blinking has grown into a habit with me.
자주 눈 깜빡이는 것이 버릇이 되었다.

friction
[fríkʃən] 프릭션

마찰, 불화

\# Occasional friction crops up but the marriage is basically sound.
이따금 마찰이 생기지만 결혼은 근본적으로 건전하다.

fun
[fʌn] 펀

즐거움, 장난, 놀이

\# Do you have fun in school?
학교생활은 재미있나요?

function
[fʌ́ŋkʃən] 펑션

기능, 의식, 함수

\# The new one has more functions than the old one.
새로운 체제가 이전 것보다 기능이 더 많습니다.

fund
[fʌnd] 펀드

기금, 예금, 자본금, 축적

\# The hospital set up a special fund to buy new equipment.
그 병원은 새 장비를 구입할 특별자금을 마련했다.

furnish
[fə́ːrniʃ] 퍼니시

공급하다, 제공하다, 갖추다, 설비하다

\# Thank you for promptly furnishing us with some written information on your products.
귀사의 제품에 관한 자료를 즉시 보내 주셔서 감사합니다.

future
[fjúːtʃər] 퓨처

미래

\# I want to have a respectable occupation in the future.
앞으로 존경받는 직업을 갖고 싶다.

F

fuzzy
[fʌ́zi] 퍼지

솜털 모양의, 희미한, 애매한

\# The monitor is fuzzy.
모니터 화면이 흔들려요.

1. 그는 경기 침체로 **공장** 문을 닫아야 했다.

He had to close the _____ down in the recession.

2. 내가 **가장 좋아하는** 가수가 콘서트를 열었다.

My _____ singer gave a concert.

3. 소비자들로부터 좋은 **반응**이 들어오고 있죠.

We've had a lot of good _____ on it.

4. 나는 최근에 개봉된 **영화**를 볼 것이다.

I'm going to see a recently released _____.

5. **유창**해질 때까지 영어를 공부할 거야.

I will study English until I am _____.

6. **솔직**하게 말해서, 저는 종전 모델 디자인이 더 좋습니다.

_____ speaking, I like the old model design better.

7. 임금이 **동결**되었습니다.

They put the _____ on the payroll.

8. 학교생활은 **재미**있나요?

Do you have _____ in school?

1. factory **2.** favorite **3.** feedback **4.** film
5. fluent **6.** Frankly **7.** freeze **8.** fun

gain
[gein] 게인

얻다, 획득하다, 증가하다

He gained popularity this year.
그는 올해 인기를 많이 얻었다.

galaxy
[gǽləksi] 갤럭시

은하, 은하수

Astronomers discovered one of the most distant galaxies known.
천문학자들은 가장 멀리 떨어진 은하계 중 하나를 발견했다.

gamble
[gǽmbəl] 갬벌

도박, 도박하다

I'm never going to gamble again.
다시는 도박을 하지 않겠어요.

garage
[gərάːʒ] 거라지

차고, 주차장, 자동차 수리소

Our garage is very spacious.
우리 집 차고는 매우 널찍하다.

garbage
[gάːrbidʒ] 가비지

쓰레기, 잡동사니

Please separate your garbage.
쓰레기를 분리수거해 주세요.

gather
[gǽðər] 개더   모으다, 따다, 채집하다, 얻다, 집중하다, 추측하다

\# We all gathered around a campfire.
우리 모두는 캠프파이어 주위로 모였다.

gear
[giər] 기어   기어

\# Our reduction gears are guaranteed trouble-free and foolproof.
당사의 감속 기어는 무사고 및 절대 안전함을 보장합니다.

general
[dʒénərəl] 제너럴   일반적인, 총괄적인, 장군

\# I have a very general idea of how a car works.
나는 차가 어떻게 작동하는지에 대해 아주 일반적인 것만 알고 있다.

generate
[dʒénərèit] 제너레잇   발생시키다, 초래하다

\# The body generates antibodies to combat harmful microorganisms.
신체는 해로운 미생물을 퇴치하기 위해 항체를 만든다.

generation
[dʒènəréiʃən] 제너레이션   세대, 발생, 생식

\# There's an obvious generation-gap in present-day Korean Society.
현재 한국 사회에서 세대차는 매우 두드러지고 있다.

generous 관대한
[dʒénərəs] 제너러스

\# He is never very generous with his money.
그는 자신의 돈에 대해서 전혀 관대하지 않다.

genuine 진짜의, 진심에서 우러난, 순종의
[dʒénjuin] 제뉴인

\# The patron appreciated genuine antiques.
그 예술 후원자는 진품 골동품의 진가를 인정했다.

geologist 지질학자
[dʒiːɑ́lədʒist, dʒiɔ́l-] 지알러지스트

\# Geologists examined moon rocks brought back by the Apollo 11 astronauts.
아폴로 11호 우주 비행사들이 가져온 달 암석을 지질학자들이 조사했다.

get 얻다, 가져가다, 시키다
[get] 겟

\# I guess we will have to get the money from another source.
저희는 다른 곳에서 자금을 조달해야 할 것 같은데요.

gift 선물, (타고난) 재능
[gift] 기프트

\# I bought a small gift for him.
그를 위해 작은 선물을 하나 샀다.

glance
[glæns] 글랜스

흘긋 봄, 한 번 봄, 섬광

At first glance, it seemed very easy.
얼핏 보기에는 쉬운 거 같았는데.

goal
[goul] 고울

목표, 목적, 득점

It takes time to achieve an important goal.
중요한 목표를 달성하는 데는 시간이 걸린다.

goods
[gudz] 굳즈

물건, 상품, 재산, 재화

We are pleased to offer you firm the following goods subject to your reply reaching us by May 30.
하기 상품을 5월 30일까지 귀사 회답 도착 조건부로 확정 주문합니다.

govern
[gʌ́vərn] 거번

통치하다, 지배하다, 억제하다

The country is governed by elected representatives of the people.
그 나라는 선출된 국민의 대표에 의해 통치된다.

grab
[græb] 그랩

움켜잡다, 잡아채다, 횡령하다

The police grabbed the criminal's shoulder.
경찰관은 범인의 어깨를 움켜잡았다.

grace
[greis] 그레이스

우아함, 품위, (신의) 은총

\# She welcomed her guests with grace.
그녀는 품위 있게 손님들을 맞이했다.

grade
[greid] 그레이드

등급, 계급, ~학년, 성적, 평점

\# Most of my classes in college are graded on
a curve.
대부분 과목들이 상대평가이다.

gradually
[grǽdʒuəli] 그래주얼리

점차

\# I think these problems are being solved
gradually these days.
이런 문제점이 요즘 서서히 해결되고 있는 것 같습니다.

G

graduate
[grǽdʒuèit] 그래주에잇

졸업하다

\# It's good to have some experience before
graduating.
졸업하기 전에 경험을 쌓는 것은 좋은 것이죠.

graphic
[grǽfik] 그래픽

그림의, 도표의, 시각 예술 작품

\# I was particularly impressed by the graphic
presentation of the storm.
나는 태풍을 도표로 제시한 것에 대해 깊은 인상을 받았다.

grate
[greit] 그레잇
벽난로, 쇠창살, 창살문

\# The men are looking down through the
grate.
남자들이 하수구 격자를 통해 밑을 내려다보고 있다.

gratefully
[gréitfəli] 그레잇펄리
감사하여, 기꺼이

\# I offered her a lift, and she accepted
gratefully.
내가 그녀에게 태워다 주겠다고 제안하자 그녀는 기꺼이
받아들였다.

gratitude
[grǽtətjùːd] 그래터튜드
감사

\# I don't know how to express my gratitude to
the teachers.
선생님들께 어떻게 감사의 표시를 해야 할지 모르겠다.

gravitation
[grǽvətéiʃən] 그래버테이션
중력, 만유인력

\# Gravitation acts within and between stars,
planets and aircrafts.
중력은 별들과 행성과 비행체들 사이와 그 내부에서
작용한다.

grieve
[griːv] 그리브
몹시 슬퍼하다

\# It's no use grieving about past errors.
지나간 실수에 대해 한탄해 봐야 아무 소용없다.

grit
[grit] 그릿

잔모래, 먼지, 용기, 이를 악물다

\# That made them grit their teeth.
그것은 그들이 이를 악물게 했다.

grocery
[gróusəri] 그로우서리

식료품류, 잡화류

\# I went to the grocery store.
식료품점에 갔다.

groom
[gru(:)m] 그룸

신랑, 마부, 몸치장하다

\# He is better groomed than before.
그는 전보다 깔끔해졌어요.

growth
[grouθ] 그로우쓰

성장, 발육, 생성, 발전

G

\# Economic growth is inevitable and advantageous.
경제 성장은 불가피한 것이고 유익한 것이다.

guest
[gest] 게스트

손님, 특별 출연자

\# The famous hotel can accommodate up to 500 guests.
그 유명한 호텔은 손님을 500명까지 수용할 수 있다.

habit
[hǽbit] 해빗

습관, 버릇, 습성

I have a habit of sticking my tongue out.
나는 혀를 내미는 버릇이 있어요.

habitat
[hǽbətæ̀t] 해버탯

서식지, 거주지

Jellyfish are perfectly adapted to their aquatic habitat.
해파리는 그들의 수상 서식지에 완벽하게 적응했다.

habituate
[həbítʃuèit] 허비추에잇

익히다, 습관을 들이다

To save energy, we may have to become habituated to lower temperatures indoors and to decreased use of private cars.
에너지를 절약하기 위해, 우리는 실내 온도를 낮추고 개인 자동차 사용을 줄이는 데 익숙해져야 한다.

hallway
[hɔ́ːlwèi] 홀웨이

복도, 현관

Burglars frequently stroll apartment hallways and residential streets looking for the door that opens with the turn of a knob.
밤도둑들은 흔히 아파트 복도와 주택가를 거닐면서 손잡이를 틀어서 열리는 문을 찾아본다.

handcraft　손으로 만들다
[hǽndkræ̀ft] 핸드크래프트

　# She handcrafted dress materials.
　그녀는 양복감을 손으로 짰다.

handicapped　(신체·정신적) 장애가 있는, 장애인
[hǽndikæpt] 핸디캡트

　# Volunteers collected donations for the
　benefit of the handicapped.
　자원봉사자들이 장애인 복지를 위한 기부금을 모았다.

hang　매달다, 걸다, 목매달다, 교수형에 처하다
[hæŋ] 행

　# I hung the clothes on the clothesline.
　빨랫줄에 옷을 널었다.

happen　일어나다, 생기다, 우연히 ~하다
[hǽpən] 해펀

　# He behaved as if nothing had happened.
　그는 아무 일도 없었다는 듯이 행동했다.

harbor　항구, 피난처, 차고
[hɑ́:rbər] 하버

　# Is there any room with a fine view of the
　harbor?
　항구 경치가 잘 보이는 방이 있나요?

harmful　해로운
[hɑ́:rmfəl] 함펄

　# Exposure of the body to strong sunlight can
　be harmful.
　강한 햇빛에 신체를 노출하는 것은 유해할 수 있다.

harmony
[hɑ́:rməni] 하머니

조화, 화합, 일치

\# I want to live in a home with peace and harmony.
화목한 가정에서 살고 싶다.

harsh
[hɑ:rʃ] 하시

거친, 사나운, 모진

\# We must adapt to today's harsh realities.
우리는 오늘날의 가혹한 현실에 적응해야 한다.

harvest
[hɑ́:rvist] 하비스트

수확, 추수

\# Autumn is the harvest season.
가을은 추수의 계절이다.

hastily
[héistili] 헤이스틸리

급히, 서둘러서, 성급하게, 경솔하게

\# You should refrain from judging others hastily.
너는 남들을 경솔히 판단하는 것을 삼가야 한다.

hatch
[hætʃ] 해치

부화하다

\# As soon as a baby turtle is hatched, it must be able to fend for itself.
새끼거북은 알을 뚫고 나오자마자, 혼자서 활동할 수 있어야 한다.

H

hate
[heit] 헤잇

미워하다, 증오하다, 싫어하다, 하고 싶지 않다

\# I hate such violent films.
나는 그런 폭력적인 영화를 싫어한다.

hazard
[hǽzərd] 해저드

위험, 모험, 위태롭게 하다

\# Then they were warned about the hazards of sugar.
그다음에 그들은 설탕의 위험성에 대한 경고를 받았다.

hazardous
[hǽzərdəs] 해저더스

위험한, 모험적인

\# The working conditions of railroad employees were so hazardous in the early days that private insurance companies refused to insure the workers.
초창기에는 철도 근로자들의 근로조건이 너무 위험해서 사설 보험회사들이 그 노동자들을 보험에 가입시키기를 거부했다.

headquarter
[hédkwɔ̀ːrtər] 헤드쿼터

본부를 두다

\# In 1873, the Mint became a bureau within the Treasury Department, and was headquartered in Washington, D.C.
1873년 조폐국은 재무부 산하 관청이 되었으며, 워싱턴 D.C에 본부를 두게 되었다.

heart
[hɑːrt] 하트

심장, 중심, 사랑

The doctor examined me by listening to my heart with a stethoscope.
의사가 청진기로 심장 소리를 들으며 검진하였다.

heavy
[hévi] 헤비

무거운, 대량의

My back went out as I lifted up a heavy thing.
무거운 것을 들다가 허리를 삐끗했다.

hefty
[héfti] 헤프티

무거운, 건장한, 많은

Being caught a third time will incur a hefty fine of $180.
세 번째로 걸리면 180달러라는 과중한 벌금을 물게 됩니다.

hemisphere
[hémisfìər] 헤미스피어

반구

The equator divides the globe into two hemispheres.
적도는 지구를 두 개의 반구로 나눈다.

herewith
[hìərwíð, -wíθ] 히어위드

이것과 함께 동봉하여

Please find enclosed herewith letter.
동봉한 편지를 확인해 주세요.

H

hesitate
[hézətèit] 헤저테잇   주저하다, 망설이다

\# I didn't hesitate to buy them.
나는 주저 없이 그것을 샀다.

hesitation
[hèzətéiʃən] 헤저테이션   주저, 망설임

\# She agreed without the slightest hesitation.
그녀는 조금도 망설이지 않고 동의했다.

highly
[háili] 하일리   높이, 크게, 매우

\# Please be assured your efforts to insure
customer satisfaction are highly regarded
here.
고객에게 만족을 주기 위한 귀사의 노력을 저희도 높이
평가하고 있다는 것을 알아주십시오.

highway
[háiwèi] 하이웨이   고속도로, 간선도로, 큰길

\# Our truck had a breakdown on the highway.
우리 트럭은 고속도로에서 고장이 났다.

hire
[haiər] 하이어   고용하다, 빌리다, 세내다

\# She was hired on the spot by the company.
그녀는 즉석에서 그 회사에 취직되었다.

hole 구명
[houl] 호울

\# He brought a very big tree with a hole in the middle.

그는 가운데에 구멍이 나 있는 매우 커다란 나무를 가져왔다.

hook 갈고리, 고리, 코바늘
[huk] 훅

\# Connect the fishing line to the hook.

낚싯줄을 낚싯바늘에 연결시켜라.

hospital 병원
[hάspitl] 하스피틀

\# I went to the hospital to take my annual checkup.

매년 하는 건강 검진을 받으러 병원에 갔다.

H

hover 하늘을 떠다니다, 비상하다, 주저하다, 망설이다
[hΛvər, hάv-] 허버

\# Helicopters can rise or descend vertically, hover, and move forward, backward, or laterally.

헬리콥터는 수직으로 올라가거나 내려갈 수 있고, 선회할 수 있고, 앞으로, 뒤로, 또는 옆으로 움직일 수 있다.

huge 거대한, 큰
[hju:dʒ] 휴지

\# His remarks sparked a huge controversy.

그의 발언이 큰 논쟁을 불러일으켰습니다.

hunt 사냥
[hʌ́nt] 헌트

When tigers hunt for food, they hide and wait for an animal to pass by.
호랑이는 먹이를 사냥할 때, 숨어서 동물이 지나가기를 기다린다.

hurricane 폭풍
[həː́rəkèin, hʌ́ri-, hʌ́rikən] 허러케인

A hurricane is a large, spinning wind system that develops over warm seas near the equator.
허리케인은 적도 근처에 더운 바다 위에서 생겨나는 크고 회전하는 바람 계통이다.

hurry 매우 급함, 서두름
[həː́ri] 허리

I went to school in a hurry by taxi.
서둘러 택시를 타고 학교에 갔다.

hydrogen 수소
[háidrədʒən] 하이드러전

Water is composed of hydrogen and oxygen.
물은 수소와 산소로 이루어져 있다.

hypocrite 위선자(의)
[hípəkrìt] 히퍼크릿

The drunkard who denounces drug abuse is a hypocrite.
약물 남용을 비난하는 술고래는 위선자이다.

1. 다시는 **도박**을 하지 않겠어요.

I'm never going to _____ again.

2. 그를 위해 작은 **선물**을 하나 샀다.

I bought a small _____ for him.

3. 중요한 **목표**를 달성하는 데에는 시간이 걸린다.

It takes time to achieve an important _____.

4. **식료품점**에 갔다.

I went to the _____ store.

5. 나는 혀를 내미는 **버릇**이 있어요.

I have a _____ of sticking my tongue out.

6. **항구** 경치가 잘 보이는 방이 있나요?

Is there any room with a fine view of the _____?

7. 가을은 **추수**의 계절이다.

Autumn is the _____ season.

8. **무거운** 것을 들다가 허리를 삐끗했다.

My back went out as I lifted up a _____ thing.

---

1. gamble　**2.** gift　**3.** goal　**4.** grocery
5. habit　**6.** harbor　**7.** harvest　**8.** heavy

I

identify

[aidéntəfài] 아이덴터파이

신원을 확인하다, 동일시하다

Analyse the sample and identify it.
견본을 분석해서 그것을 규명해라.

ignite

[ignáit] 이그나잇

(~에) 불을 붙이다

He lit a match to ignite the fuse.
그는 퓨즈에 불을 붙이기 위해 성냥을 켰다.

ignition

[igníʃən] 이그니션

점화, 발화

Jet propulsion involves the ignition of
a mixture of air and fuel, which forms a
powerful exhaust.
제트 추진은 공기와 연료의 혼합물질의 연소를 포함하는데,
그것(연소)은 강력한 분출력을 만든다.

ignorant

[ígnərənt] 이그너런트

무지한, 모르는

He's ignorant but he's certainly not stupid.
그는 무지하지만 분명히 우둔하지는 않다.

ignore

[ignɔ́ːr] 이그노어

무시하다

You've been ignoring me.
당신은 나를 무시해 왔다.

217

illiterate 무식한, 문맹의
[ilítərit] 일리터릿

The illiterate man was eager to increase his vocabulary.
문맹인 그 남자는 자신의 어휘 실력을 늘리려고 열심이었다.

illustration 삽화, 도해, 실례, 예증
[iləstréiʃən] 일러스트레이션

In the microcosm of our small village, we find illustrations of all the evils that test the universe.
우리의 작은 마을이라는 소우주에서, 우리는 우주를 둘러싸고 있는 악의 모든 예를 찾아볼 수 있다.

image 이미지, 모습, 모양
[ímidʒ] 이미지

He's the spitting image of his father.
그는 아버지의 모습을 꼭 빼닮았어요.

imaginable 상상할 수 있는
[imǽdʒənəbəl] 이매저너벌

Almost every imaginable type of still water has been used by at least one kind of mosquito to lay its eggs.
상상할 수 있는 거의 모든 유형의 고여 있는 물은 최소 한 종류의 모기가 알을 낳기 위해 이용해 왔다.

imaginary 상상의
[imǽdʒənèri, -nəri] 이매저네리

Well, no, although I did have an imaginary friend.
글쎄, 없어요. 그냥 상상의 친구를 갖곤 했는데요.

imagination 상상, 상상력, 마음, 생각
[imædʒənéiʃən] 이매저네이션

The book fired his imagination.
그 책은 그의 상상력에 불을 붙였다.

imaginative 상상력이 풍부한
[imædʒənətiv, -nèitiv] 이매저너티브

I think you are showing bad judgement in telling such a gruesome tale to a high-strung, imaginative child.
민감하고 상상력이 풍부한 어린이에게 그런 무서운 이야기를 들려주는 것은 당신이 잘못된 판단력을 보이는 것 같다고 생각한다.

imitation 모방, 흉내, 모조, 모의
[ìmətéiʃən] 이머테이션

The house was built in imitation of a Roman villa.
그 집은 로마식 빌라를 모방하여 지어졌다.

immediate 직접의, 즉시의
[imí:diət] 이미디엇

Your immediate action to rectify this situation is vital at this stage.
현 단계에서 이 상황을 바로잡기 위해서는 귀하의 신속한 조처가 절대적으로 필요합니다.

immediately 즉시
[imí:diətli] 이미디엇들리

Because I fell into a faint, I was immediately taken to a hospital.
내가 기절을 해서, 즉시 병원으로 옮겨졌다.

immense 막대한, 무한한, 방대한

[iméns] 이멘스

The professor was revered for his immense learning.
그 교수는 방대한 학식을 지녀서 공경을 받았다.

immerse 가라앉히다, 파묻다, 몰두시키다

[imə́:rs] 이머스

She was so deeply immersed in the book she was reading that she did not even hear us enter the room.
그녀는 깊이 몰두하여 책을 읽고 있어서 우리가 방에 들어가는 소리조차 듣지 못했다.

immigration 이주, 입국

[iməgréiʃən] 이머그레이션

I have to go to the immigration office within a week.
나는 1주 내에 출입국 관리소에 가야 합니다.

imminent 급박한, 긴급한

[ímənənt] 이머넌트

The imminent battle will soon determine our success or failure in this conflict.
곧 있을 전투가 이 전쟁에서 승패를 결정할 것이다.

immunization 면역, 면역조치, 면제, 예방 주사

[ìmjunizéiʃən] 이뮤니제이션

\# Five hundred thousand health care and emergency workers may be in line for immunization.

50만 명에 이르는 보건 및 비상구호 요원들이 예방 접종을 위해 길게 줄을 설 것입니다.

impact 충돌, 영향, 영향력

[ímpækt] 임팩트

\# Violent movies might have a negative impact on kids.

폭력 영화들은 애들에게 부정적 영향을 줄 수가 있어요.

impart 나누어 주다, 전하다

[impά:rt] 임파트

\# The best way to impart a spirit of patriotism to young people is to make them understand the ideals on which this nation is built.

젊은이들에게 애국심을 전파하는 최선의 방법은 그들에게 이 나라가 세워진 이상을 이해시키는 것이다.

I

impel (강제하여) ~하게 하다, 추진시키다

[impél] 임펠

\# She is impelled by a desire to change the social system.

그녀는 사회제도를 바꿔야 한다는 희망으로 추진했다.

implant
[implænt, -plάːnt] 임플랜트

심다, 주입시키다, 끼워 넣다, 이식하다

It gives you tissue that you can implant right into the human patient.
그것은 인류 환자에게 바로 이식할 수 있는 조직을 제공한다.

implementation
[ìmpləməntéiʃən] 임플러먼테이션

이행, 수행, 완성

Following the implementation of seat-belt legislation, traffic fatalities have decreased by almost thirty percent.
안전벨트를 착용해야 하는 규정이 실시되면서, 교통사고로 인한 사망률이 거의 30%나 감소했다.

implicate
[ímpləkèit] 임플러케잇

관련시키다, 휩쓸려 들게 하다

Somebody's trying to implicate me.
누군가가 나를 모함하려고 해요.

imply
[implái] 임플라이

함축하다, 넌지시 비추다, 암시하다, 의미하다

Her tone implied anger.
그녀의 목소리는 그녀가 화가 나 있다는 것을 암시했다.

import
[impɔ́ːrt] 임포트

수입하다

It was imported from France.
그것은 프랑스에서 수입된 것이었다.

impress
[imprés] 임프레스

감명을 주다, 감동시키다, 인상을 남기다

\# I was so impressed by the music.
나는 그 음악에 매우 감동받았다.

improve
[imprú:v] 임프루브

개선하다, 향상시키다

\# By writing e-mail letters, I can make a new
friend and improve my English.
이메일을 쓰면서, 나는 새 친구도 사귀고 영어도 향상시킬
수 있다.

improvise
[ímprəvàiz] 임프러바이즈

(연주·축사·연설 등을) 즉석에서 하다

\# Korean Samulnori seems to be improvised.
한국의 사물놀이는 즉흥적으로 연주하는 것 같아요.

incentive
[inséntiv] 인센티브

자극적인, 격려하는, 장려금

\# The promise of a bonus acted as an incentive
to greater effort.
보너스를 주겠다는 약속이 더 많은 노력을 기울이게 하는 데
자극이 되었다.

incident
[ínsədənt] 인서던트

사건

\# She gave the police a full account of the
incident.
그녀는 경찰에게 그 사건에 대한 상세한 설명을 했다.

I

incline 기울다, 경사지게 하다, 굽히다, ~경향이 있다
[inkláin] 인클라인

\# I'm inclined to be lazy.
나는 좀 게으른 경향이 있다.

include 포함하다
[inklú:d] 인클루드

\# Please include me in the list.
그 명단에 저도 넣어 주십시오.

incorrect 부정확한, 틀린
[ìnkərékt] 인커렉트

\# The account name or the password is incorrect.
계정 이름 또는 암호가 올바르지 않습니다.

independence 독립
[ìndipéndəns] 인디펜던스

\# Having won its war for independence in 1783, the United States struggled to establish its own economic and financial system.
1783년에 독립을 위한 전쟁에 이기고 나서, 미국은 자신의 경제적 금융적 시스템을 설립하려고 노력했다.

indent 들여 쓰다, 주문하다
[indént] 인덴트

\# Indent the first line of each paragraph.
각 단락의 첫 행은 들여 쓰세요.

index

[índeks] 인덱스

지수, 색인, 찾아보기, 눈금, 표시

Today's discomfort index is very high.
오늘은 불쾌지수가 높은 날이다.

indicator

[índikèitər] 인디케이터

지표, (신호) 표시기, (자동차) 방향 지시기

His left-hand indicator is flashing.
그의 왼쪽 방향표시기가 반짝이고 있다.

indict

[indáit] 인다잇

기소하다, 고발하다

If the grand jury indicts the suspect, he will
go to trial.
대배심이 용의자를 기소하면, 그는 재판을 받게 될 것이다.

individual

[indəvídʒuəl] 인더비주얼

개개인의

Newspapers often don't respect the
individual's right to privacy.
신문에서는 종종 개인의 사생활권을 존중하지 않는다.

inevitable

[inévitəbəl] 이네비터벌

피할 수 없는, 필연의

As a matter of fact, bankruptcy is inevitable.
사실 파산은 불가피하다.

inexorable 무정한, 냉혹한, 굽힐 수 없는, 용서 없는
[inéksərəbəl] 이넉서러벌

The judge was inexorable and gave the convicted man the maximum punishment allowed by law.
그 판사는 냉혹하게 법이 허용하는 최고형을 선고했다.

inexpensive 비싸지 않은
[ìnikspénsiv] 이닉스펜시브

Could you tell me an inexpensive restaurant?
저렴한 가격의 식당을 알려 주시겠습니까?

infant (7세 미만의) 유아
[ínfənt] 인펀트

In the first few week weeks after birth, the infant is not able to see properly.
태어난 지 첫 몇 주 동안, 아기는 사물을 제대로 볼 수 없다.

infer 추리하다, 추론하다, 의미하다, 암시하다
[infə́:r] 인퍼

The purpose of inductive logic is to infer general laws from particular occurrences.
귀납적 논리의 목적은 특정한 사건으로부터 일반적인 규칙을 추리하는 것이다.

infinite
[ínfənit] 인퍼닛

무한한

Our energy sources are not infinite and that we will have to use them with care and wisdom.
에너지 자원이 무한하지 않으므로 우리는 지금 이것을 조심하고 지혜롭게 사용해야 할 것이다.

inflation
[infléiʃən] 인플레이션

통화 팽창, 물가 상승률, 인플레이션

Inflation still runs high in that country.
그 나라에서는 물가 상승률이 여전히 높다.

inform
[infɔ́ːrm] 인폼

~에게 알리다, ~에게 보고하다, ~에게 불어넣다

If your check card is stolen, inform your bank immediately.
만약 당신의 수표 카드가 분실되었다면, 당신의 거래 은행에 즉시 알리시오.

infraction
[infrǽkʃən] 인프랙션

위반, 침해

Because of his many infractions of school regulations, he was suspended by the dean.
그는 교칙을 많이 위반했기 때문에, 학장으로부터 정학 처분을 받았다.

ingredient 성분, 구성 요소, 요인
[ingrí:diənt] 인그리디언트

\# Imagination and diligence are the ingredients of success.
상상력과 근면은 성공의 요소이다.

inhabit (~에) 살다, 거주하다
[inhǽbit] 인해빗

\# When Columbus discovered the New World, he was not surprised to find it inhabited.
He thought he had landed in India or Japan.
콜럼버스가 신세계를 발견했을 때, 그는 그곳에 사람이 살고 있는 것을 보고 놀라지 않았다. 그는 자기가 인도나 일본에 도착한 것으로 생각했었다.

inherit 상속하다, 유전하다
[inhérit] 인헤릿

\# I've inherited 8,000 dollars from my uncle.
삼촌의 유산 8천 달러를 물려받았다.

inhibition 금지, 억제
[ìnhəbíʃən] 인허비션

\# She had no inhibitions about making her opinions known.
그녀는 자신의 생각을 표현하는 데 있어서 아무런 거리낌이 없다.

initial

[iníʃəl] 이니셜

최초의, 시작의, 머리글자의

\# Well, I'll accept the price and place an initial order of ten thousand units.
좋습니다. 그 가격을 수락하고 만 개를 초도 주문하겠습니다.

initiate

[iníʃièit] 이니시에잇

시작하다, 창시하다, 전수하다, 가입시키다, 제안하다

\# Preparations for shipment will be initiated as soon as payment is confirmed.
지불이 확인되는 대로 선적 준비를 시작하겠습니다.

injection

[indʒékʃən] 인젝션

주입, 주사, 투입

\# I tremble with fear at the thought of an injection.
주사는 생각만 해도 무서워서 몸이 떨린다.

inn

[in] 인

여관, 선술집

\# She spent two days at an inn.
그녀는 이틀을 여관에서 보냈다.

innate

[inéit] 이네잇

타고난

\# His coarse, hard-bitten exterior belied his innate sensitivity.
그의 거칠고 딱딱한 외모는 타고난 감수성과 상반된다.

inning
[íniŋ] 이닝

(야구·크리켓 등의) 회

It was the second half of the ninth inning
with two down.
9회 말 투 아웃이었다.

innovative
[ínouvèitiv] 이노우베이티브

혁신적인

After the war MacArthur returned to
West Point as one of its innovative
superintendents.
전쟁이 끝난 뒤에 맥아더는 웨스트포인트로 돌아와서 이
학교의 가장 혁신적인 교장 가운데 한 사람이 되었다.

inoculate
[inɑ́kjəlèit] 이나키얼레잇

접종하다, 주입하다

For about two out of every 1 million people
inoculated, the vaccine's weak virus strain
caused brain infection and death.
접종을 받은 백만 명당 약 2명꼴로, 그 백신의 약한 바이러스
종이 뇌 감염과 죽음을 초래했다.

inquire
[inkwáiər] 인콰이어

묻다, 조사하다

The company you inquired about is
considered to have an excellent reputation.
문의한 회사는 훌륭한 평판을 지닌 것으로 생각됩니다.

inscribe 새기다
[inskráib] 인스크라입

\# The tree was inscribed with her name.
그 나무에는 그녀의 이름이 새겨져 있었다.

insect 곤충, 벌레
[ínsekt] 인섹트

\# The multiplicity of the insect world is awesome.
곤충 세계의 다양성은 무서울 정도이다.

insensible 무감각한, 의식을 잃은, 감각이 둔한, 무관심한
[insénsəbəl] 인센서벌

\# He seemed insensible to her needs.
그는 그녀의 요구에는 무감각한 것처럼 보였다.

insert 끼워 넣다, 삽입하다
[insə́ːrt] 인서트

\# She inserted the letter into an envelope.
그녀는 편지봉투 안에 편지를 넣었다.

insist 주장하다, 고집하다, 강요하다, 조르다
[insíst] 인시스트

\# You're going to give me gray hair with all these independent adventures you insist on taking.
네 멋대로 모험을 하겠다며 고집을 부려 나를 걱정시키는구나.

inspect 조사하다

[inspékt] 인스펙트

We shall ask the General Surveyor to inspect your cargo before shipment.
선적하기 전에 조사 기관이 귀사의 화물을 검사하도록 요청하겠습니다.

inspection 검사, 조사, 열람

[inspékʃən] 인스펙션

Where do I go through customs inspection?
어디에서 세관 검사를 하죠?

inspiration 영감, 고무

[ìnspəréiʃən] 인스퍼레이션

Genius is one percent inspiration and ninety-nine percent perfect perspiration.
천재는 1%의 영감과 99%의 노력이다.

install 설치하다, 장치하다, 자리에 앉히다

[instɔ́:l] 인스톨

We'll have to have telephones installed.
전화를 설치해야겠어요.

instant 즉시의

[ínstənt] 인스턴트

He gave up smoking and the effect on his health was instant.
그가 담배를 끊자 건강에 대한 효과가 즉시 나타났다.

instinct 본능, 직감
[ínstiŋkt] 인스팅트

Birds have a pecking instinct.
새들은 쪼는 본능이 있다.

institute 설립하다, 시작하다, 제기하다, 임명하다
[ínstətjùːt] 인스터튜트

The research institute was established in the late 2000s.
이 연구소는 2000년대 말에 설립되었다.

institution 학회, 협회, 기관, 제도
[ìnstətjúːʃən] 인스터튜션

The institution of our society, far from being immutable, are in the process of change at this very moment.
우리의 사회제도는, 결코 불변이 아니라, 지금 이 순간에도 변화되고 있다.

instruction 훈련, 교육, 교훈, 가르침, 지시, 설명서
[instrʌ́kʃən] 인스트럭션

I followed the doctor's instructions well.
의사의 지시에 잘 따랐다.

instructor 교사, 선생, 교관, 지도자
[instrʌ́ktər] 인스트럭터

I moonlight as a Taekwondo instructor to make some extra job.
부업으로 태권도 사범을 하고 있는데, 임시직이에요.

insult
[ínsʌlt] 인설트

모욕하다, 모욕, 무례

I felt deeply insulted by her arrogant attitude.
나는 그녀의 거만한 태도에 심한 모욕감을 느꼈다.

insurance
[inʃúərəns] 인슈어런스

보험

If you apply, they will send data on hospital insurance.
만일 귀하가 신청하시면 의료보험에 대한 자료를 보내 드릴 것입니다.

insure
[inʃúər] 인슈어

~의 보험을 계약하다, 보증하다

The goods are insured for $1 million.
물품은 백만 달러의 보험에 들어 있다.

intake
[íntèik] 인테익

흡입, 섭취

I cut down drastically on my food intake.
나는 음식물 섭취량을 대폭 줄였다.

integrate
[íntəgrèit] 인터그레잇

통합시키다

She tried to integrate all their activities into one program.
그녀는 그들의 모든 활동을 하나의 프로그램으로 통합시키려 했다.

integration 통합

[ìntəgréiʃən] 인터그레이션

These officials devoted most of their testimony to discussing integration problems that exist in Europe.

이 관리들은 대부분의 증언을 현재 유럽에서 존재하는 통합 문제에 대해 증언하는 데 할애했다.

intellectual 지적인

[ìntəléktʃuəl] 인털렉추얼

He tried to conceal his lack of true scholarship and intellectual depth by making use of unnecessarily abstruse language.

쓸데없이 난해한 말을 사용함으로써 그는 참다운 학식과 지적인 깊이의 부족을 감추려고 애썼다.

intend ~할 작정이다, 의도하다

[inténd] 인텐드

He intends to continue the family tradition.

그는 가문의 전통을 계속 잇고자 한다.

intensive 강렬한, 집중적인

[inténsiv] 인텐시브

An intensive search failed to reveal any clues.

집중 수색에도 불구하고 아무런 단서를 찾지 못했다.

intent 의향, 의도, 전념하고 있는

[intént] 인텐트

I was so intent on my work that I didn't notice the time.

나는 너무나 일에 열중해서 시간 가는 줄 몰랐다.

intentional 계획적인, 고의의
[inténʃənəl] 인텐셔널

\# I'm sorry I left you off the list it wasn't intentional.
내가 당신을 리스트에서 빠뜨려서 죄송하지만 그것은 고의가 아니었어요.

interact 상호 작용하다, 서로 영향을 주다
[ìntərǽkt] 인터랙트

\# These living creatures also interact with the nonliving, or inorganic, things around them.
이러한 생물체들은 또한 그들 주위에 있는 무생물, 혹은 무기물과도 작용을 한다.

intercede 중재하다, 조정하다
[ìntərsíːd] 인터시드

\# Though he has been asked repeatedly to be an intermediary in the labor dispute, the mayor so far has refused to intercede.
그 노사분규에서 중재자가 되어달라는 부탁을 여러 번 받았지만 시장은 지금까지 중재하기를 거부해 왔다.

interfere 간섭하다, 방해하다, 중재하다, 조정하다
[ìntərfíər] 인터피어

\# I had to interfere between the two of them to prevent a fight.
나는 싸움을 막기 위해서 그들 두 사람 사이에 끼어들어야 했다.

interior 안의, 내부의, 국내의, 실내의, 내적인
[intíəriər] 인티어리어

Carton boxes must have an interior lining of stout, damp-resisting paper.
마분지상자는 완전 방습지로 내부 안감을 대야만 합니다.

intermediate 중간의, 중개자, 매개자, 조정자, 중재하다
[ìntərmíːdiət] 인터미디엇

This novel is too difficult for intermediate students of English.
이 소설은 중간 수준의 영어 학도들에게는 너무 어렵다.

international 국제적인
[ìntərnǽʃənəl] 인터내셔널

English is an international language.
영어는 국제적인 언어이다.

interpreter 해석자, 통역사
[intə́ːrprətər] 인터프러터

I'd like to know if I can hire an interpreter for a couple of days.
며칠간 통역사를 채용할 수 있는지 알고 싶어요.

interrogate 질문하다, 심문하다, 문초하다
[intérəgèit] 인테러게잇

They interrogated him again, playing cat and mouse with him.
그들은 고양이가 쥐를 잡듯이 몰아세워 그를 심문했다.

I

interrupt
[ìntərʌ́pt] 인터럽트

중단시키다, 방해하다

Could you please interrupt him for me?
방해가 되겠지만 그에게 전화 좀 받으라고 해 주시겠습니까?

interval
[íntərvəl] 인터벌

간격, 사이

We should always save work at regular intervals.
항상 일정한 간격으로 작업을 저장해야 한다.

intervene
[ìntərvíːn] 인터빈

사이에 끼다, 끼어들다, 조정하다, 중재하다

She intervened in the argument between her two sons.
그녀는 두 아들 사이에서 일어나는 논쟁을 중재했다.

interview
[íntərvjùː] 인터뷰

면접, 면담, 회견

I trust you will consider my application favorably and grant me an interview.
귀하께서 저의 신청을 호의적으로 여겨서 면담의 기회를 주리라 믿습니다.

intoxication
[intɑ̀ksikéiʃən, -tɔ̀ksi-] 인탁시케이션

취하게 함, 중독

Severe alcohol intoxication
심한 알콜 중독

introduce
[ìntrədjúːs] 인트러듀스

안으로 들이다, 도입하다, 소개하다

\# My friend introduced her to me.
친구가 나에게 그녀를 소개시켜 줬다.

introvert
[íntrəvəːrt] 인트러버트

내향적인, 내성적인

\# I'm a kind of introvert.
전 성격이 좀 내성적이에요.

invade
[invéid] 인베이드

침입하다

\# Hitler invaded Poland in 1939.
히틀러는 1939년에 폴란드를 침공했다.

invalid
[ínvəlid] 인벌리드

병약한, 허약한

\# He has been an invalid all his life.
그는 평생 동안 아팠다.

invent
[invént] 인벤트

발명하다, 고안하다, 창안하다

\# Every year a great many labor-saving devices
are invented and patented.
해마다 노동을 덜어 주는 여러 가지 장치들이 발명되어
특허를 받는다.

I

239

invention

[invénʃən] 인벤션

발명, 발명품, 고안, 꾸며낸 이야기

\# The invention of the silicon chip is a landmark in the history of the computer.
실리콘 칩의 발명은 컴퓨터 역사상 획기적인 사건이다.

inventive

[invéntiv] 인벤티브

발명의, 창의력이 풍부한

\# That was very inventive.
창의력이 아주 대단했어요.

inventory

[ínvəntɔ̀:ri] 인번토리

물품 명세서, 재고

\# Enclosed is an inventory of the goods we are prepared to accept.
저희 측에서 인수할 용의가 있는 물품 명세서를 동봉합니다.

invert

[invə́:rt] 인버트

거꾸로 하다, 반대로 하다

\# In questions, the subject and the verb are often inverted.
의문문에서 주어와 동사가 종종 자리가 바뀐다.

invest

[invést] 인베스트

투자하다, 맡기다, ～에게 수여하다(with)

\# The best time to invest is now.
투자하기 가장 좋은 시기는 지금입니다.

investigation 조사

[invèstəgéiʃən] 인베스터게이션

The matter is under investigation.
그 문제는 조사되고 있는 중이다.

investor 투자자, 수여자

[invéstər] 인베스터

A wise investor, she had the foresight to buy land just before the current real estate boom.
현명한 투자가인 그녀는 현재의 부동산 붐이 있기 전에 땅을 사 두는 예지를 가졌다.

invoice 송장, 청구서

[ínvɔis] 인보이스

There is a nominal charge for additional material as indicated in the enclosed invoice.
추가 자료에 대해서는 동봉한 청구서에 명시된 대로 소액의 비용이 청구됩니다.

involve 연루시키다, 포함하다

[inválv] 인발브

The strike involved many people.
그 파업은 많은 사람들을 연루시켰다.

involvement 관련, 관여, 연루, 개입, 몰두

[inválvmənt] 인발브먼트

The police are investigating his possible involvement in the crime.
경찰은 그의 범죄 연루 가능성을 조사 중이다.

invulnerable   상처 입지 않는, 반박할 수 없는
[inválnərəbəl] 인벌너러벌

Achilles was invulnerable except in his heel.
아킬레스는 발뒤꿈치를 제외하고는 상처를 입지 않는다.

ironic   반어의, 비꼬는, 풍자적인
[airánik] 아이라닉

His death gave an ironic twist to the story.
그의 죽음은 그 이야기의 뜻밖의 진전을 제공했다.

irresistible   저항할 수 없는, 거부할 수 없는
[ìrizístəbəl] 이리지스터벌

What an irresistible chocolates!
정말 먹음직스러운 초콜릿인데!

issue   발행하다, 현안
[íʃuː] 이슈

The flood warning was issued this morning.
오늘 아침에 홍수 경보를 발령되었다.

itinerary   여정, 여행 일정표
[aitínərèri] 아이티너레리

Have you completed the travel itinerary for Mr. La Rue?
라루 씨의 여행 일정을 완성시켰습니까?

1. 그는 **무지하지**만 분명히 우둔하지는 않다.

He's _____ but he's certainly not stupid.

2. 그 책은 그의 **상상력**에 불을 붙였다.

The book fired his _____.

3. 나는 좀 게으른 **경향**이 있다.

I'm _____ to be lazy.

4. 상상력과 근면은 성공의 **요소**이다.

Imagination and diligence are the _____ of success.

5. 그의 거칠고 딱딱한 외모는 **타고난** 감수성과 상반된다.

His coarse, hard-bitten exterior belied his _____ sensitivity.

6. 의사의 **지시**에 잘 따랐다.

I followed the doctor's _____ well.

7. **집중** 수색에도 불구하고 아무런 단서를 찾지 못했다.

An _____ search failed to reveal any clues.

8. **방해**가 되겠지만 그에게 전화 좀 받으라고 해 주시겠습니까?

Could you please _____ him for me?

1. ignorant   **2.** imagination   **3.** inclined   **4.** ingredients
5. innate   **6.** instructions   **7.** intensive   **8.** interrupt

jeopardize 위태롭게 하다, 위태로운 경지에 빠뜨리다
[dʒépərdàiz] 제퍼다이즈

\# The security of the whole operation has been jeopardized by their carelessness.
모든 작전의 안전이 그들의 부주의로 위태롭게 되었다.

jewel 보석
[dʒúːəl] 주얼

\# The jewels were only imitation.
그 보석들은 모조품에 지나지 않는다.

jewelry 보석류
[dʒúːəlri] 주얼리

\# The company will start sales of golden necklaces as gifts for babies at major jewelry shops and department stores throughout the country today.
그 회사는 오늘부터 전국의 주요 보석상과 백화점 등에서 아기 선물용 금목걸이를 시판한다.

join 결합하다, 연결하다, 가입하다
[dʒɔin] 조인

\# The teacher asked me to join the study club.
선생님께서 나에게 스터디 클럽에 들어가라고 하셨다.

joint
[dʒɔint] 조인트
접합 부분, 접합하다, 공동의

This movie is a joint production of Korean
and American film companies.
이 영화는 한미 합작 작품이다.

journalist
[dʒə́:rnəlist] 저널리스트
기자

I think of him as a promising journalist.
나는 그를 장래가 유망한 기자라고 생각한다.

judge
[dʒʌdʒ] 저지
재판하다, ~에 판결을 내리다, 판단하다

Don't judge of a man by his looks.
외양으로 사람을 판단하지 말라.

jurisdiction
[dʒùərisdíkʃən] 주어리스딕션
재판권, 사법권, 재판관할

The jurisdiction of a public government
extends over all persons who live in a certain
area.
공공정부의 관할권은 일정한 지역에 사는 모든 사람들에게
미친다.

just
[dʒʌst] 저스트
바로, 오직, 정말

I'm just ready to help you.
당신을 도와줄 준비가 다 되었어요.

juvenile   젊은, 어린, 청소년의

[dʒúːvənəl, -nàil] 주버닐

\# The Family Court deals with juvenile
delinquents, not adult offenders.
가정법원은 성인 범법자가 아니라 비행 청소년을 다룬다.

J

keen
[ki:n] 킨

날카로운, 예리한, 강렬한, ～하고 싶어 하는

\# Like the cats, wild dogs have very keen senses of sight, hearing, and smell.
고양이들과 마찬가지로 야생 개들은 시각, 청각, 후각의 매우 예리한 감각들을 가진다.

kid
[kid] 키드

아이, 짐승의 새끼

\# The kid is in a cocoon.
그 꼬마는 완전히 격리되어 있어요.

kind
[káind] 카인드

종류

\# What kind of book do you want?
어떤 종류의 책을 원하시나요?

kit
[kit] 킷

연장통, 주머니, 도구 세트

\# Would you hand me the Christopher Columbus out from my field kit?
내 장비 가방에서 현미경 좀 꺼내 주시겠어요?

K

label
[léibəl] 레이벌

꼬리표, 상표

attach a label to each piece of luggage
짐 하나하나에 꼬리표를 붙이다

labor
[léibər] 레이버

노동, 근로

Workers are paid for their labor.
노동자들은 그들이 한 노동의 대가로 보수를 받는다.

laboratory
[lǽbərətɔ̀:ri, ləbɔ́rətəri] 래버러토리

실험실

To be a mathematician you don't need an expensive laboratory.
수학자가 되기 위해서 비싼 실험실이 필요하지는 않다.

lack
[læk] 랙

결핍하다, 모자라다

Her lack of enthusiasm dampened his ardor.
그녀의 열의 부족이 그의 열성을 위축시켰다.

landing
[lǽndiŋ] 랜딩

착륙, 하차

The plane made an emergency landing.
그 비행기는 비상 착륙을 했다.

last
[læst, lɑːst] 래스트

최후로, 마지막, 최근의

Our team won the last game anyway.
아무튼, 우리 팀이 마지막 경기를 이겼지.

latch
[lætʃ] 래치

걸쇠, 빗장

He lifted the latch and pushed open the door.
그는 빗장을 들어 문을 밀어 열었다.

launch
[lɔːntʃ, lɑːntʃ] 론치

발사하다, 시작하다, 착수하다, 출시하다

The rocket which was designed to take photographs of the moon was launched as the moon approached its perigee.
달 사진을 찍기로 고안된 로켓은 달이 근지점에 접근했을 때 발사되었다.

laundry
[lɔ́ːndri, lɑ́ːn-] 론드리

세탁소, 세탁물

The laundry has piled up.
세탁물이 쌓여 있었다.

law
[lɔː] 로

법률, 법, 법학, 법칙, 규칙

Hard cases make good law.
법은 엄격함을 존중한다.

lawn
[lɔ:n] 론

잔디

You promised to mow the lawn.
당신이 오늘 잔디를 깎아 주겠다고 약속했잖아요.

lay
[lei] 레이

눕히다, 놓다, (알을) 낳다, 바르다, 부과하다

She was laid there as insensate as a log.
그녀는 통나무처럼 무감각하게 거기에 누워 있었다.

layout
[léiàut] 레이아웃

구획, 배치, 설계

The theft was planned by someone familiar with the layout of the house.
그 도난 사건은 그 집의 구조를 잘 알고 있는 누군가에 의해서 계획되었다.

lead
[li:d] 리드

선도, 지도, 선두, 모범, 안내하다, 이끌다

If the blind lead the blind both will fall into the ditch.
맹인이 맹인을 인도하면 둘 다 개울에 빠진다.

leaflet
[lí:flit] 리플릿

전단, 리플릿

This leaflet tells you about various hotel services.
다양한 호텔 서비스에 대해 알고 싶으시면 이 리플릿을 보세요.

L

leak
[li:k] 리크

새다, (액체·기체의) 누출, (비밀 등의) 누설

\# Air leaked out of the balloon.
풍선에서 공기가 빠져나갔다.

lean
[li:n] 린

기대다, 기울다

\# The famous tower of Pisa leans at an angle.
그 유명한 피사의 탑은 비스듬히 기울어져 있다.

leap
[li:p] 리프

도약하다, 뛰어오르다

\# He crossed the garden in three leaps.
그는 뜀뛰기 세 번 만에 정원을 가로질러 갔다.

lease
[li:s] 리스

임대차 계약, 임대하다

\# If the lease period could be extended to
2 years, then the terms will be acceptable.
임대 기간을 2년으로 늘린다면, 그 조항에 대해서는
동의하겠습니다.

leave
[li:v] 리브

남기다, 떠나다, 휴가

\# I hope you'll leave with good memories of
Korea.
한국의 좋은 추억을 많이 갖고 떠나길 바랍니다.

lecture
[léktʃəːr] 렉처

강의

I think I'm going to miss the lecture today.
내가 오늘 강의에 빠질 것 같은데.

legal
[líɡəl] 리걸

법률의, 합법의 [반의어] illegal

We insist upon full payment of your account, otherwise we shall be enforced to take legal steps.
귀 계정으로 전액 지불하십시오. 그렇지 않으면 법적 조치를 취하겠습니다.

lend
[lend] 렌드

빌려주다, 제공하다

He who lends to the poor, gets his interest from God.
가난한 사람을 도운 자는 반드시 신의 보답을 받는다.

length
[leŋkθ] 렝쓰

길이

This room is twice the length of the other, but much narrower.
이 방이 다른 방보다 길이는 두 배지만, 훨씬 더 좁다.

lesson
[lésn] 레슨

학과, 수업, 교훈

Her lesson was stupid.
그녀의 수업은 따분했다.

L

lettuce
[létis] 레티스

상추, 양상추

The wrapped up lettuce is so big that I can fit it in my mouth all at once.
쌈이 너무 커서 한입에 다 안 들어가요.

liability
[làiəbíləti] 라이어빌러티

법적 책임

Since this delay is beyond our control, we cannot assume any liability.
이번 지연은 당사의 통제 밖의 문제이므로, 어떤 책임도 질 수 없습니다.

liaison
[liéizɔn] 리에이존

연락, 접촉, 간통

He's a liaison between the two groups.
그는 두 집단 사이의 연락책이다.

liberal
[líbərəl] 리버럴

자유주의의, 개방적인

Is he liberal or conservative?
그 사람 개방적인가요 보수적인가요?

liberate
[líbərèit] 리버레잇

해방하다

He promised to liberate all the political prisoners.
그는 모든 정치범을 석방하기로 약속했다.

lid
[lid] 리드

뚜껑, 눈꺼풀

The woman is lifting the lid off of the pot.
여자가 냄비의 뚜껑을 열고 있다.

lie
[lai] 라이

눕다, 놓여 있다, 위치하다

I'm going to lie down.
누워야겠어요.

lift
[lift] 리프트

들어 올리다

The burly mover lifted the packing crate with ease.
강한 발동기가 쉽게 상자 꾸러미를 들어 올렸다.

likewise
[láikwàiz] 라익와이즈

마찬가지로, 게다가

Watch her and do likewise.
그녀를 잘 보고 똑같이 해 보아라.

limit
[límit] 리밋

한계, 경계, 제한, 제한하다

I received a heavy fine for exceeding the speed limit.
나는 제한 속도를 초과해서 무거운 벌금형을 받았다.

L

257

liquid
[líkwid] 리퀴드

액체, 액체 형태의, 유동적인

Are you drinking lots of hot liquids?
따뜻한 음료는 많이 마시고 있어요?

list
[list] 리스트

목록

He graduated last on the list.
그는 꼴찌로 졸업했다.

lively
[láivli] 라이블리

생기 있는, 활기차게, 활발한

The conversation is lively.
대화가 활발하다.

living
[líviŋ] 리빙

살아 있는, 생명 있는, 활기 있는, 생활비

He is troubled with the question of living.
그는 생활 문제로 괴로워하고 있다.

loan
[loun] 로운

대여, 대출, 빌려주다

He loaned me some money.
그가 나에게 약간의 돈을 빌려줬다.

local
[lóukəl] 로우컬

공간의, 장소의, 지방의

Take this prescription to the local pharmacist.
이 처방을 근처 약국으로 가져가세요.

locate
[lóukeit] 로우케잇

~의 위치를 정하다, ~의 위치를 알아내다

Everyone around here knows where it's located.
여기 있는 모두가 그것이 어디에 있는지 알고 있습니다.

logging
[lɔ́ːgiŋ, lɑ́g-, lɔ́g-] 로깅

벌목

Logging also destroys a lot of rainforest land.
벌목은 또한 많은 열대 우림 땅을 파괴합니다.

lonely
[lóunli] 로운리

외로운, 고독한

When I have no one to love, I feel lonely and depressed.
사랑하는 사람이 없으면, 외롭고 우울해진다.

longevity
[landʒévəti, lɔn-] 란제버티

장수, 수명

I wished my grandfather's best health and longevity.
나는 할아버지의 건강과 장수를 빌었다.

look
[luk] 룩

보다, ~하게 보이다(like)

He looks kind and gentle.
그 사람은 서글서글하게 생겼어요.

L

lookout
[lúkàut] 루카웃

감시, 망보기, 경계, 조심, 전망

\# We posted several lookouts.
우리는 망보는 사람을 몇 명 세웠다.

loose
[lu:s] 루스

헐거워진, 느슨한, 풀어 주다, 쏘다

\# Don't let that dog loose among the sheep.
그 개를 양들 사이에 풀어 놓지 마라.

loser
[lú:zər] 루저

실패자, 패자, 손실자, 분실자

\# Any presidential candidate whose appeal is mainly to partisans in his own party is a sure loser.
자기 당내의 열성당원에게 주로 호소하는 대통령 후보자는 누구든 틀림없이 낙선한다.

loss
[lɔ(:)s, lɑs] 로스

손해, 실패, 패배

\# I'm selling at a loss.
손해 보고 팝니다.

lottery
[látəri, lɔ́t-] 라터리

복권

\# The lottery tempts many who hope to become millionaire through the squandering of minuscule sums.
복권은 소액을 낭비해서 백만장자가 되기를 바라는 많은 사람들을 유혹한다.

loyal
[lɔ́iəl] 로이얼

충성스러운

By far the most difficult thing to do is to lay off a loyal worker and not be able to find him an alternative.
단연코 가장 하기 어려운 일은 충실한 근로자를 해고하면서 그에게 어떤 대안을 찾아줄 수 없는 경우이다.

luggage
[lʌ́gidʒ] 러기지

여행용 휴대품, 여행 가방, 수화물

I packed my luggage.
짐을 꾸렸다.

lunar
[lúːnər] 루너

달의, 음력의

Chuseok is on the 15th of August by the lunar calendar.
추석은 음력으로 8월 15일이다.

lung
[lʌŋ] 렁

폐, 허파

Cancer had affected his lungs.
암이 그의 폐를 침범했다.

luxurious
[lʌgʒúəriəs, lʌkʃúər-] 럭주어리어스

사치스러운

The hotel has luxurious accommodations.
그 호텔은 호화로운 시설들을 갖추고 있다.

L

luxury

사치, 사치품

[lʌ́kʃəri] 럭셔리

I buy few luxuries.
나는 사치품을 거의 사지 않는다.

1. 선생님께서 나에게 스터디 클럽에 **들어가라**고 하셨다.

   The teacher asked me to _____ the study club.

2. 외양으로 사람을 **판단하지** 말라.

   Don't _____ of a man by his looks.

3. 어떤 **종류**의 책을 원하시나요?

   What _____ of book do you want?

4. 아무튼, 우리 팀이 **마지막** 경기를 이겼지.

   Our team won the _____ game anyway.

5. 그 유명한 피사의 탑은 비스듬히 **기울어져** 있다.

   The famous tower of Pisa _____ at an angle.

6. 그녀의 **수업**은 따분했다.

   Her _____ was stupid.

7. 나는 **제한** 속도를 초과해서 무거운 벌금형을 받았다.

   I received a heavy fine for exceeding the speed _____.

8. 사랑하는 사람이 없으면, **외롭고** 우울해진다.

   When I have no one to love, I feel _____ and depressed.

---

1. join   **2.** judge   **3.** kind   **4.** last
5. leans   **6.** lesson   **7.** limit   **8.** lonely

M

magnification　확대, 확대율, 배율
[mæ̀gnəfikéiʃən] 매그너피케이션

#The combination of two lenses makes possible greater magnification than can be achieved with a single lens.
두 개의 렌즈 조합이 하나의 렌즈로 성취될 수 있는 것보다 더 훌륭한 확대 효과를 가능하게 한다.

magnificent　장엄한, 막대한
[mægnífəsənt] 매그니피선트

#The tourists admired the magnificent spectacle.
관광객들은 그 장려한 광경에 탄복했다.

magnify　확대하다, 과장하다
[mǽgnəfài] 매그너파이

#I want to magnify this picture.
이 사진을 확대하고 싶습니다.

mail　우편물, 우편
[meil] 메일

#Has the mail come yet?
아직 우편물이 안 왔어요?

maintain 지속하다, 유지하다, 주장하다, 부양하다
[meintéin, mən-] 메인테인

Food is necessary to maintain life.
음식은 생명을 유지하는 데 필요하다.

maintenance 유지, 지속, 생계, 주장
[méintənəns] 메인터넌스

The company is well known for its good aftercare and maintenance.
그 회사는 좋은 애프터서비스와 보장으로 잘 알려져 있습니다.

major 주요한, 전공, 전공의
[méidʒəːr] 메이저

I want to major in computers in the university.
대학에서 컴퓨터를 전공하고 싶다.

makeup 구성, 체격, 성질, 화장, 분장
[méikʌp] 메이컵

I heard that removing makeup is much more delicate than putting it on.
화장은 하는 것 보다 지우는 게 훨씬 더 중요하다고 들었어요.

mall 쇼핑몰
[mɔːl, mæl] 몰

We'll just have lunch at the mall.
그냥 점심은 쇼핑몰에서 먹어요.

malnutrition 영양실조, 영양 부족
[mæ̀lnjuːtríʃən] 맬뉴트리션

It is not only lack of food but lack of the proper kinds of food that can cause malnutrition.
영양실조를 일으키는 것은 음식물 부족뿐만이 아니라 적절한 종류의 음식물 부족이다.

management 취급, 처리, 관리, 경영
[mǽnidʒmənt] 매니지먼트

His bad management caused the eventual failure.
그의 잘못된 경영이 결국 실패를 초래했다.

manipulation 교묘히 다루기, 조작
[mənìpjəléiʃən] 머니피얼레이션

They have been accused of fraud and stock market manipulations.
그들은 사기 및 주식 시장 조작 혐의로 기소되었다.

mannerism 매너리즘(틀에 박힌 방식), 버릇
[mǽnərìzəm] 매너리점

The teacher falls into mannerism.
그 선생님은 매너리즘에 빠져 있다.

manual 손으로 하는, 수동의, 설명서
[mǽnjuəl] 매뉴얼

It is the manual for your body.
그것은 여러분 몸에 대한 설명서이다.

M

manufacture 제조하다, 제조, 제품
[mæ̀njəfǽktʃəːr] 매니어팩처

The factory was turned over to the
manufacture of vessel parts.
그 공장은 선박 부품 제조로 전환되었다.

manufacturer 제조업자, 생산자
[mæ̀njəfǽktʃərəːr] 매니어팩처러

That the manufacturers have to make some
changes in their production line.
제조업자들이 생산 라인을 약간 변경해야 합니다.

market 시장
[mɑ́ːrkit] 마킷

I thought I could get good prices at the
Dongdaemun Market.
동대문 시장에 가면 더 싸게 살 수 있겠다고 생각했다.

marriage 결혼
[mǽridʒ] 매리지

This time the marriage is happy and fruitful.
이 결혼은 행복하고 이롭다.

marvelous 불가사의한, 놀라운
[mɑ́ːrvələs] 마벌러스

This marvelous invention will help a great
number of disabled people.
이 놀라운 발명품은 수많은 장애인들에게 도움이 될 것이다.

mass
[mæs] 매스

덩어리, 질량, 모임, 집단, 대중, 다량, 다수

She was frightened by the mass which had floated in from the sea.
그녀는 바다에서 떠내려온 덩어리를 보고 놀랐다.

massive
[mǽsiv] 매시브

거대한, 대량의

The government has initiated a massive new house-building program.
정부가 대규모의 새 주택 건설 계획을 착수했다.

match
[mætʃ] 매치

시합, 맞수, 성냥, 어울리다

The pants matched my sweater.
그 바지는 스웨터와 잘 어울렸다.

mate
[meit] 메잇

상대, 짝, 짝짓기를 하다

The graph considered the mating habits of the opossum.
그 그래프는 주머니쥐의 교배 습관을 다루었다.

material
[mətíəriəl] 머티어리얼

물질, 물질의, 재료, 자료, 세속적인

Production was hindered by lack of materials.
원료가 부족하여 생산이 지장을 받았다.

M

math 수학
[mæθ] 매쓰

\# I failed my math test.
수학 시험을 망쳤다.

maximum 최대
[mǽksəməm] 맥서멈

\# Is the air conditioning set to maximum?
에어컨을 최대로 틀었나요?

means 수단, 방법, 재산, 수입
[mi:nz] 민즈

\# The end justifies the means.
목적은 수단을 정당화한다.

measure 재다, 계량하다, 측정하다, 측량하다, 조치
[méʒə:r] 메저

\# First of all, when I stood on a scale, the nurse
measured my weight and height.
우선, 저울에 올라서자, 간호사가 체중과 키를 쟀다.

meat 고기
[mi:t] 미트

\# I try to eat less meat and more vegetables.
고기를 덜 먹고 채소를 더 많이 먹어야겠다.

mediate 조정하다, 중재하다
[mí:dièit] 미디에잇

\# Let us mediate our differences rather than
engage in a costly strike.
희생이 심한 파업을 하기보다 서로 간의 차이를 조정하자.

medical
[médikəl] 메디컬

의학의, 의약의

I want to major in medical science at the university.
나는 대학에서 의학을 전공하고 싶다.

medicine
[médəsən] 메더선

약, 의학

They suffered from the shortage of food, water and medicine.
음식, 물, 의약품 등의 부족으로 고통을 받았다.

medium
[míːdiəm] 미디엄

중간, 매개, 매체, 도구

I'd like it medium.
중간으로 구워 주세요.

melancholy
[mélənkɑ̀li, -kɔ̀li] 멜런칼리

우울한, 우울, 슬픈, 침울한

A melancholy feeling crept ever her.
그녀는 어쩐지 우울해졌다.

memorandum
[mèmərǽndəm] 메머랜덤

비망록, 메모, 각서

Is it a "governmental memorandum?"
그것이 '정부 메모'인가요?

M

menace
[ménəs] 메너스

협박, 위협, 공갈

In dry weather, forest fires are a great menace.
건조한 날씨에는 산불이 큰 위협이 된다.

mental
[méntl] 멘틀

정신의, 마음의

The matter caused me mental anguish.
그 문제로 정신적인 고뇌에 빠졌다.

mention
[ménʃən] 멘션

언급하다, 언급

He made no mention of her contribution.
그는 그녀의 공헌에 대해서는 한 마디도 언급하지 않았다.

mere
[miər] 미어

단순한, 겨우, 단지

He is no mere adviser, but the President's right-hand man.
그는 단순한 조언자가 아니라, 대통령의 오른팔이다.

merge
[məːrdʒ] 머지

합병하다, 합치다

In this merging, he wishes neither of the older selves to be lost.
이러한 통합에서, 그는 과거의 자아들 가운데 그 어느 것도 상실하기를 바라지 않는다.

message
[mésidʒ] 메시지

전하는 말, 메시지, 서신, 교훈

I'll tape the message to his door.
그의 방문에 메시지를 붙여 놓을게요.

272

metal
[métl] 메틀

금속

The metal looked like gold, but in fact it was worthless.
그 금속은 금처럼 보였지만, 사실은 아무런 가치도 없는 것이었다.

method
[méθəd] 메써드

방법

There is no best method of learning English.
영어를 배우는 데 가장 좋은 방법이란 없다.

migraine
[máigrein, mí:-] 마이그레인

편두통

I suffer from migraines.
편두통으로 괴롭다.

migrate
[máigreit] 마이그레잇

이주하다, 이동하다

Three of every four migrating water birds in North America visit the Gulf of Mexico's winter wetlands.
북미에서 이동하는 물새 네 마리 중 세 마리가 멕시코만의 겨울 습지를 방문한다.

mild
[maild] 마일드

온순한, 온화한

M

The climate in spring and fall is mild and comfortable here.
이곳의 봄과 가을의 기후는 온화하고 쾌적합니다.

mineral
[mínərəl] 미너럴

광물, 무기물

When dried slowly and naturally, raisins are high in iron and other minerals.
천천히 그리고 자연적으로 건조되면, 건포도는 철분과 기타 무기질이 풍부하다.

minimal
[mínəməl] 미너멀

최소의, 극미한

They can soar for weeks on end with minimal effort.
거의 힘들이지 않고도 몇 주 동안 활공할 수 있습니다.

minor
[máinər] 마이너

작은 쪽의, 중요치 않은, 미성년의

Minor complications are what caused the delay which we hope has not inconvenienced you.
사소한 실수로 인한 지연이 불편을 드리지 않았길 바랍니다.

minority
[minɔ́:rəti, -nɑ́r-, mai-] 미노러티

소수, 미성년

The minority is not allowed to see the movie.
미성년자는 그 영화를 볼 수 없었다.

misplace
[mispléis] 미스플레이스

잘못 두다

I misplaced my address book.
주소록을 잘못 뒀어요.

mission
[míʃən] 미션

임무, 사명

#My mission in life is to help poor people.
내 평생의 사명은 가난한 이들을 돕는 것이다.

mistake
[mistéik] 미스테익

실수, 오해하다, 틀리다, 잘못 알다

#I think there was a mistake in my last paycheck.
지난번 급료에 착오가 있었던 것 같습니다.

misunderstanding
[mìsʌndəːrstǽndiŋ] 미선더스탠딩

오해

#People might misunderstand our intentions.
사람들이 우리의 의도를 오해할 수 있어요.

mix
[miks] 믹스

섞다, 혼합하다

#I never mix business with pleasure.
나는 공과 사를 절대로 혼동하지 않아.

model
[mɑ́dl, mɔ́dl] 마들

모형, 모범, 모델

#He's always been my role model.
그분은 언제나 저의 본보기가 돼 주셨어요.

moderate
[mɑ́dərèit] 마더레잇

삼가는, 절제하는, 알맞은, 적당한

#We have to do moderate exercise.
운동은 적당히 해야 한다.

M

moderation   완화, 절제, 적당, 온건, 중용
[mὰdəréiʃən] 마더레이션

They showed a remarkable degree of
moderation in not quarrelling publicly.
그들은 공공연히 다투지 않기 위해 대단한 정도의 절제력을
보였다.

modern   현대의
[mάdə:rn, mɔ́d-] 마던

Cellular phones are necessity in the modern
society.
현대 사회에서 휴대폰은 필수이다.

modernize   현대화하다, 현대적으로 되다
[mάdə:rnàiz, mɔ́d-] 마더나이즈

You need to modernize.
당신은 현대화할 필요가 있어요.

modify   수정하다, 변경하다, 수식하다
[mάdəfài, mɔ́d-] 마더파이

Please see the enclosed copy of your invoice
which is modified to reflect the items actually
delivered.
실제로 인도된 물품에 따라 송장을 수정해서 사본을
동봉하오니 확인해 보시기 바랍니다.

moist   습기 있는, 촉촉한, 축축한
[mɔist] 모이스트

The laundry is moist with dew.
빨래가 이슬에 축축하다.

mold
[mould] 모울드

틀에 넣어 만들다, 주조하다, 성형하다

The workers carefully ladled the molten iron into the bell-shaped mold.
일꾼들이 녹은 쇠를 주의 깊게 떠서 종 모양의 틀에 부었다.

molecule
[mάləkjùːl, mɔ́l-] 말러큘

분자, 미분자

Two atoms of hydrogen combine with one atom of oxygen to form a molecule of water.
두 개의 수소 원자와 한 개의 산소 원자가 결합하여 한 개의 물 분자를 형성한다.

momentarily
[mòuməntèrəli] 모우먼테럴리

잠시, 잠깐, 순간의, 찰나의

She momentarily hesitated before choosing the street veering to the right.
그녀는 우회전하는 도로로 진입하기 직전에 순간적으로 멈칫했다.

moral
[mɔ́(ː)rəl] 모럴

도덕의, 윤리의, 교육적인, 양심적인

We have to have basic morals.
기본적인 도덕성을 가져야 한다.

morale
[mouræl] 모우랠

(군대 등의) 사기, 의욕, 도덕, 도의

The loss was a detriment to morale.
그 손실은 사기에 손상을 주었다.

M

mortal
[mɔ́:rtl] 모틀

죽을 수밖에 없는 운명의, 인간의, 치명적인

The Buddha was originally a common mortal like one of us.
부처도 우리와 같은 사람이었다.

mortgage
[mɔ́:rgidʒ] 모기지

담보 대출, 융자, 저당 잡히다

Another questionable practice would be using the clout of your company's name to try to secure a lease or a mortgage.
또 하나 문제시되는 관행은 회사의 이름이 갖는 영향력을 이용해 주택 임대나 주택 융자를 받으려는 것이다.

motivation
[mòutəvéiʃən] 모우터베이션

동기 부여, 열의

The basis of our success is the high motivation and outstanding qualification of our co-workers.
우리 성공의 기반은 동료들의 높은 동기 부여와 뛰어난 자질에 있다.

motive
[móutiv] 모우티브

동기, 이유

I'm very suspicious about her motives.
나는 그녀의 동기가 매우 의심스럽다.

move
[mu:v] 무브

움직이다, 옮기다, 시동 걸다, 제안하다

I wanted to move to another table.
다른 자리로 옮기고 싶었다.

278

mower
[móuə:r] 모우어

풀 베는 기계, 잔디 깎는 기계

I want my lawn mower back.
내 잔디 깎는 기계를 찾아가야겠어요.

multiple
[mʌ́ltəpl] 멀터플

복합의, 다양한

This desk has multiple purposes.
이 책상은 다양한 용도로 쓰입니다.

multiply
[mʌ́ltəplài] 멀터플라이

증가시키다, 번식시키다, 곱하다

It is possible to multiply these bacteria in the laboratory.
실험실에서 이들 박테리아를 증식시키는 것이 가능하다.

municipality
[mjuːnìsəpǽləti] 뮤니서팰러티

지방 자치 단체

AT&T has been under attack in the courts and by some municipalities since it purchased control of more than half the nation's cable lines.
AT&T는 전국 케이블선의 절반 이상을 사들인 후 법정이나 일부 지방 자치 단체에 의해 비난받아 왔다.

museum
[mjuːzíːəm, -zíəm] 뮤지엄

박물관

My family visited a museum on weekend.
우리 가족은 주말에 박물관에 갔다.

M

mushroom 버섯
[mʌʃru(:)m] 머시룸

Some mushrooms are poisonous.
어떤 버섯에는 독이 있다.

mustache 콧수염
[mʌ́stæʃ, məstǽʃ] 머스태시

My father has worn a beard and mustache.
나의 아버지는 턱수염과 콧수염이 있으시다.

mutable 변하기 쉬운, 변덕스러운
[mjúːtəbəl] 뮤터벌

His opinions were mutable and easily influenced by anyone who had any powers of persuasion.
그의 의견은 변덕스러워서 설득력 있는 사람에 의해 쉽게 좌우되었다.

mutilate 절단하다, 불구를 만들다, 불완전하게 하다
[mjúːtəlèit] 뮤털레잇

Intruders slashed and mutilated several paintings.
침입자들이 여러 그림을 난도질하고 훼손했다.

1. 이 사진을 확대하고 싶습니다.

   I want to _____ this picture.

2. 중간으로 구워 주세요.

   I'd like it _____.

3. 그는 그녀의 공헌에 대해서는 한 마디도 언급하지 않았다.

   He made no _____ of her contribution.

4. 영어를 배우는 데 가장 좋은 방법이란 없다.

   There is no best _____ of learning English.

5. 내 평생의 사명은 가난한 이들을 돕는 것이다.

   My _____ in life is to help poor people.

6. 나는 그녀의 동기가 매우 의심스럽다.

   I'm very suspicious about her _____.

7. 다른 자리로 옮기고 싶었다.

   I wanted to _____ to another table.

8. 이 책상은 다양한 용도로 쓰입니다.

   This desk has _____ purposes.

1. magnify   2. medium   3. mention   4. method
5. mission   6. motives   7. move   8. multiple

nearly 거의
[níərli] 니얼리

I nearly lost my passport, but fortunately someone was looking after it.
여권을 거의 분실할 뻔했는데, 다행히도 다른 사람이 보관하고 있었다.

negotiate 협상하다, 협의하다
[nigóuʃièit] 니고우시에잇

The government says it will not negotiate with the terrorists.
정부는 테러분자들과 협상하지 않을 것이라고 한다.

negotiation 협상, (증권) 양도
[nigòuʃiéiʃən] 니고우시에이션

We hope this business negotiation between us will be materialized before long.
이 거래의 교섭이 곧 이루어지기를 희망합니다.

neighboring 이웃의, 인접해 있는
[néibəriŋ] 네이버링

People sought refuge in a neighboring country.
사람들이 이웃 나라로 피난했다.

nervous
[nə́:rvəs] 너버스

신경의, 신경질적인, 신경과민한, 초조한

\# I was very nervous, but I did well.
긴장되긴 했지만, 잘했다.

nest
[nest] 네스트

보금자리, 둥지

\# It is a foolish bird that soils its own nest.
어떤 새도 제 둥지를 더럽히지 않는다.

next
[nekst] 넥스트

다음의, 바로 옆의, 다음에

\# I've heard that they will be coming out with
a sequel next year.
나는 그들이 내년에 후속편을 선보일 거라고 들었다.

next-door
[nékstdɔ́:r] 넥스트도어

이웃의, 옆집의

\# He's the next-door neighbor.
그는 옆집 사람이에요.

nephew
[néfju:] 네퓨

조카

\# Your nephew came to see you in your
absence.
당신 조카가 부재중에 찾아왔었습니다.

newsstand 신문·잡지 판매점, 가판대
[njú:zstæ̀nd] 뉴즈스탠드

\# The newsstands are manned by one clerk.
신문 가판대는 점원 한 명이 관리하고 있다.

N

niece 조카딸, 질녀
[ni:s] 니스

\# His housekeeper and niece welcome him home and try to nurse him back to health.
그의 가정부와 조카딸은 그의 귀가를 환영하고 그가 건강을 회복하도록 간호한다.

nominate 지명하다, 지명 추천하다, 임명하다
[nάmənèit] 나머네잇

\# They nominated her to serve a chairperson.
그들은 그녀를 의장으로 일하도록 임명했다.

normal 정상의, 보통의
[nɔ́:rməl] 노멀

\# The temperature is three degrees above normal.
체온이 정상보다 3도나 높았다.

notice 알아채다, 인지하다, 예고하다, 언급하다
[nóutis] 노우티스

\# My birthday passed away without notice.
내 생일은 아무도 모른 채 그냥 지나쳐 버렸다.

notification 통지, 통고, 신고, 공고, 약점
[nòutəfikéiʃən] 노우터피케이션

We received the notification of your new assignment today.
오늘 당신의 승진 소식을 들었습니다.

novel 소설, 신기한, 새로운
[nάvəl, nɔ́v-] 나벌

It's an outstanding novel.
이것은 뛰어난 소설이다.

novelist 소설가, 작가
[nάvəlist] 나벌리스트

The novelist's chief work was an epic trilogy.
그 소설가의 대표작은 삼부작 서사시였다.

nuclear 핵의, 원자핵의, 핵무기의
[njú:kliə:r] 뉴클리어

For the present, it is nuclear weapons that cause the most serious danger.
현재로는, 가장 심각한 위험을 야기하는 것이 핵무기이다.

numerical 수적인, 수의
[njumérikəl] 뉴메리컬

Their army has numerical superiority over ours.
그들의 군대는 우리 군대보다 수적으로 우세하다.

nurse

[nəːrs] 너스

유모, 보모, 간호사, 간호하다

She is cut out to be a nurse.
그녀는 간호사로 적격이에요.

nutrients

[njúːtriənt] 뉴트리언트

영양소, 영양제

Without oxygen and other nutrients carried in the blood, heart tissue dies or is damaged.
혈액이 산소와 기타 영양분을 운반하지 않으면, 심장 조직은 죽거나 손상된다.

objection 반대, 이의, 결함
[əbdʒékʃən] 업젝션

\# They withdrew their objections with good grace.
그들은 그들의 반대를 기꺼이 철회했다.

objective 객관적인, 목적, 목표
[əbdʒéktiv] 업젝티브

\# What's your principal objective?
너의 주된 목적은 무엇이냐?

obligation 의무, 책임, 채무
[ɑ̀bləgéiʃən] 아블러게이션

\# Please understand that we will not be in a position to renew your dealership unless these obligations are fulfilled by August 31.
8월 31일까지 이 의무를 이행하지 않으면 귀사의 판매권 갱신이 불가하다는 것을 알기 바랍니다.

obnoxious 불쾌한, 싫은
[əbnɑ́kʃəs, -nɔ́k-] 어브낙셔스

\# I find your behavior obnoxious; please mend your ways.
나는 당신의 행동에 불쾌감을 느꼈습니다. 당신의 방식을 고치기 바랍니다.

observer
[əbzə́:rvər] 업저버

관찰자, 참관인, 준수자

\# The people are the impartial observers of the current political scene.
국민은 정치 현장의 사심 없는 관찰자들이다.

obscure
[əbskjúər] 업스큐어

모호한, 분명치 않은, 무명의

\# The origins of the disease are still rather obscure.
그 병의 기원은 아직도 상당히 불분명하다.

observe
[əbzə́:rv] 업저브

준수하다, 관찰하다, 논평하다

\# He is better at observing externals than at reading hearts.
그는 마음을 읽기보다 외모를 더 잘 관찰한다.

obtain
[əbtéin] 업테인

얻다, 손에 넣다, 획득하다

\# We look forward to hearing that you have been able to obtain satisfactory prices.
당사는 귀하가 만족스러운 가격으로 확보할 수 있었다는 소식을 듣기를 고대합니다.

occasionally
[əkéiʒənəli] 어케이저널리

때때로, 가끔

\# He visits me occasionally.
그는 가끔 나를 찾아온다.

occupant
[ɑ́kjəpənt] 아키어펀트

점유자, 거주자

\# The car was badly damaged but its occupants were unhurt.
그 차는 심하게 부서졌지만 타고 있던 사람들은 안 다쳤다.

occupy
[ɑ́kjəpài, ɔ́k-] 아키어파이

차지하다, 점령하다, 사로잡다, 종사하다

\# The piano seemed to occupy the whole room.
그 피아노가 방 전체를 차지하고 있는 것 같았다.

occur
[əkə́ːr] 어커

(사건 따위가) 일어나다, (머리에) 떠오르다

\# Nothing occurs to me.
아무것도 생각이 나지 않아요.

odd
[ɑd] 아드

홀수의, 이상한

\# This elevator stops on odd number floors only.
이 엘리베이터는 홀수 층만 운행합니다.

offer
[ɔ́(ː)fər] 오퍼

제공하다, 제안하다

\# If price is paramount, however, we can offer a less powerful version at a lower price.
가격이 높다면, 성능은 조금 떨어지지만 좀 더 낮은 가격으로 제공할 수 있는 제품이 있습니다.

office
[ɔ́(ː)fis] 오피스

임무, 직책, 공직, 관공서, 사무실, 영업소

Will you get hold of him and put him on in my office?
그분께 전화를 걸어서 내 사무실로 연결해 주세요.

officer
[ɔ́(ː)fisər, ɑ́f-] 오피서

장교, 공무원

He is a parking control officer.
그는 주차단속 공무원이에요.

official
[əfíʃəl] 어피셜

공무상의, 공식의

We have received your quotation of August 11, 2023 and enclose our official order form.
2023년 8월 11일 자의 견적서를 받았으며 당사의 공식 주문서를 동봉합니다.

offset
[ɔ́ːfsét, ɑ́f-] 오프셋

차감 계산을 하다, ~와 상쇄하다

Losses from declining sales have offset our gains from investments.
매출 하락으로 인한 손해는 투자 수익으로 상쇄되었다.

omit
[oumít] 오우밋

빠뜨리다, 생략하다

A few names had been omitted from the list.
몇몇 이름이 명단에서 빠져 있었다.

once
[wʌns] 원스

한 번, 언젠가, 일단

\# My club has a meeting once a week.
우리 동아리는 일주일에 한 번 모임을 갖는다.

onion
[ʌ́njən] 어니언

양파

\# The odor of frying onions permeated the air.
튀긴 양파들의 냄새가 공기에 퍼졌다.

operate
[ɑ́pərèit] 아퍼레잇

작동하다, 수술하다, 작전하다, 운영하다

\# Do you know how to operate this machine?
이 기계를 어떻게 작동시키는지 아십니까?

operation
[ɑ̀pəréiʃən, ɔ̀p-] 아퍼레이션

작동, 수행, 효력, 효과, 경영, 수술, 군사작전

\# They said it would be a simple operation, but I was scared.
수술이 간단한 것이라고 했지만, 겁이 났다.

opinion
[əpínjən] 어피니언

의견, 견해, 여론

\# I want to get a few more opinions about that.
그것에 대한 의견을 더 듣고 싶었다.

opium
[óupiəm] 오우피엄

아편

\# The police rummaged a ship for opium.
경찰은 아편을 찾아내기 위해 배 안을 수색했다.

opponent　상대, 반대자들
[əpóunənt] 어포우넌트

gain an advantage over an opponent
상대보다 유리한 입장에 서다

opportunity　기회
[àpərtjú:nəti] 아퍼츄너티

Traveling provides the opportunities to experience other cultures.
여행은 다른 문화를 경험할 수 있는 기회를 준다.

oppose　~에 반대하다
[əpóuz] 어포우즈

Anarchists oppose the organized violence of war.
무정부주의자들은 전쟁이라는 조직적인 폭력에 반대한다.

optimism　낙천주의
[áptəmìzəm, ɔ́pt-] 압터미점

The audience seemed to imbibe her optimism and vigor.
청중들은 그녀의 낙천적인 태도와 활기를 받아들이는 것처럼 보였다.

optimistic　낙관적인, 낙천적인
[àptəmístik] 압터미스틱

It is a little too optimistic to think so.
그렇게 생각하는 것은 너무 낙관적이에요.

optimum
최적의, 최고의

[ɑ́ptəməm, ɔ́pt-] 압터멈

We can help you achieve optimum diversification of your investments.
저희는 여러분께서 투자액을 최적으로 분산하도록 도울 수 있습니다.

optional
선택의

[ɑ́pʃənəl, ɔ́p-] 압셔널

At the end of every chapter in our science text, there is a group of optional questions, intended for students who wish to go more deeply into the subject.
우리 과학 교재 각 장 끝에는, 그 문제에 좀 더 깊이 들어가고자 하는 학생들을 위한 일련의 선택 질문이 있다.

orbit
궤도

[ɔ́:rbit] 오빗

The comet passed close by the earth in its eccentric orbit.
혜성은 불규칙 궤도로 지구 옆을 가깝게 지나갔다.

order
명령, 질서, 순서, 주문

[ɔ́:rdər] 오더

This is not what I order.
이것은 제가 주문한 게 아닌데요.

orientation 방향, 예비 교육, 오리엔테이션

[ɔ́ːrientéiʃən] 오리엔테이션

The orientation session teaches about
three hours and is mandatory for all new
employees.
오리엔테이션은 세 시간가량 받게 되는데, 신입 사원은 전원
참석해야 한다.

origin 기원, 발단, 원천, 유래, 태생, 가문, 혈통

[ɔ́ːrədʒin] 오러진

Over the centuries, various theories have
been advanced to explain the origin of
alphabetic writing.
수 세기에 걸쳐서, 여러 가지 이론이 알파벳 글의 기원을
설명하기 위해서 진보되어 왔다.

outcome 결과, 성과

[áutkʌm] 아웃컴

It was an unexpected outcome.
예상외의 결과였어요.

outdated 구식의

[àutdéitid] 아웃데이티드

He is outdated.
그는 시대에 뒤떨어진 사람이다.

outfit 옷, 장비, 갖추다

[áutfìt] 아웃핏

You have the perfect outfit for the party.
당신에게는 그 파티에 아주 적합한 옷이 있어요.

outgoing

[áutgòuiŋ] 아웃고우잉

떠나가는, 은퇴하는, 사교적인, 개방적인

This telephone should be used for outgoing calls.
이 전화기는 외부로 거는 통화에만 쓰여야 한다.

outlet

[áutlet, -lit] 아웃렛

배출구, 출구, 팔 곳, 판로, 대리점

We must endeavor to find an outlet for the patient's repressed desires if we hope to combat this psychosis.
정신병과 싸우려는 우리는 환자의 억압된 욕구들에 대한 출구를 찾도록 노력해야 한다.

outstanding

[àutstǽndiŋ] 아웃스탠딩

눈에 띄는, 현저한, 발매된

He is one of the most outstanding musicians of our time.
그는 우리 시대의 가장 두드러진 음악가 중 한 사람이다.

overcome

[òuvərkʌ́m] 오우버컴

~에 이겨내다, 극복하다

I have this hang-up that is hard for me to overcome.
저로선 해결하기 힘든 문제가 하나 있습니다.

overdo

[òuvərdú:] 오우버두

~을 지나치게 하다

Don't overdo the exercise.
운동을 지나치게 하지 마십시오.

overdraw 초과 인출하다
[òuvərdrɔ́:] 오우버드로

\# The statement you sent me recently shows
that my account was overdrawn during June.
최근에 귀하께서 보내 주신 명세서를 보니 저의 6월 계정이
초과 인출되었습니다.

overflow 넘쳐흐르다
[òuvərflóu] 오우버플로우

\# The overflow from the bath is blocked.
욕조에서 넘치는 물이 빠져나가는 배수로가 막혔다.

overhead 머리 위에, 머리 위로, 하늘 높이
[óuvərhéd] 오우버헤드

\# In the overhead compartment, sir.
Here, let me help you.
머리 위쪽 칸에요. 제가 도와드리지요.

overlap 겹치다, 포개지다
[òuvərlǽp] 오우버랩

\# There's a huge overlap between maths and
physics.
수학과 물리학 사이에는 겹치는 부분이 많다.

overpower 제압하다, 압도하다
[òuvərpáuər] 오우버파우어

\# He grappled with the burglar and
overpowered him.
그는 밤도둑과 맞붙어 싸워 제압했다.

overcast   ~을 구름으로 덮다, 흐리게 하다
[òuvərkǽst, -kάːst] 오우버캐스트

But the sky became overcast all of a sudden, and large drops of rain began to fall before I reached the station.
하늘이 갑자기 흐려지더니, 역까지 가기 전에 큰 빗방울이 떨어지기 시작했다.

overseas   해외의, 외국의
[óuvərsíːz] 오우버시즈

Unfortunately, I will be on an overseas business trip across the dates you proposed.
유감이지만 제안하신 날짜는 저의 해외 출장과 겹칩니다.

overtake   ~을 따라잡다, 만회하다
[òuvərtéik] 오우버테익

Thank you very much for taking the time to congratulate us on our overtaking IRVING in total sales last year.
작년의 총 매출고가 IRVING을 앞지른 것에 대해 축하해 주셔서 매우 감사합니다.

overtime   초과근무
[óuvərtàim] 오우버타임

Sometimes we work two or three hours' overtime.
때때로 두세 시간 정도 잔업을 합니다.

overturn
[òuvərtə́ːrn] 오우버턴   뒤집어엎다, 전복시키다

He looked up and saw, on the bridge over his head, an overturned truck.

그는 고개를 들어, 다리 위에 전복된 트럭을 바라보았다.

overview
[óuvərvjùː] 오우버뷰   개관, 개략

The seminar will give an overview of trends in the industry.

그 세미나에서는 전반적인 업계 동향에 관해 논의하게 될 것이다.

overwork
[òuvərwə́ːrk] 오우버워크   과로시키다

He's run down from overwork.

그는 과로로 지쳐 있다.

owe
[ou] 오우   빚지고 있다, ~의 덕이다

I try to pay back what I owe as soon as possible.

가능한 한 빨리 빚진 것을 갚으려고 한다.

1. 사람들이 **이웃** 나라로 피난했다.

People sought refuge in a   country.

2. **긴장**되긴 했지만 잘했다.

I was very   , but I did well.

3. 그들은 그녀를 의장으로 일하도록 **임명했다.**

They   her to serve a chairperson.

4. 너의 주된 **목적**은 무엇이냐?

what's your principal   ?

5. 그는 **가끔** 나를 찾아온다.

He visits me   .

6. 우리 동아리는 일주일에 **한 번** 모임을 갖는다.

My club has a meeting   a week.

7. 여행은 다른 문화를 경험할 수 있는 **기회**를 준다.

Traveling provides the   to experience other cultures.

8. 이것은 제가 **주문**한 게 아닌데요.

This is not what I   .

1. neighboring   **2.** nervous   **3.** nominated   **4.** objective
5. occasionally   **6.** once   **7.** opportunities   **8.** order

package
[pǽkidʒ] 패키지

짐 꾸리기, 포장

This package is for you.
이 소포는 네게 온 것이다.

pain
[pein] 페인

아픔, 고통, 고뇌, 수고

The pains began shortly after he started work as a lawyer.
그는 변호사 일을 시작한 직후부터 고통이 시작되었다.

pamper
[pǽmpər] 팸퍼

응석받아 주다, 소중히 보살피다

Don't try to pamper me.
나의 응석을 받아주려 하지 마.

pamphlet
[pǽmflit] 팸플릿

팸플릿, 작은 책자

The woman is handing out pamphlets in the street.
여자가 전단지를 거리에서 나눠 주고 있다.

panic
[pǽnik] 패닉

공포, 공황 상태, 패닉

He remained imperturbable and in full
command of the situation in spite of the
hysteria and panic all around him.
주위가 모두 히스테리와 공포에도 불구하고 그는 침착하게
사태를 완전히 수습했다.

parallel
[pǽrəlèl] 패럴렐

평행하는

The growth of colleges and universities in the
Unites States has paralleled the growth of the
country.
미국에서 대학과 대학교들의 성장은 나라의 성장과 평형을
이루어 왔다.

parcel
[pάːrsəl] 파설

꾸러미, 소포

I'd like to send this parcel to New York.
뉴욕으로 이 소포를 보내고 싶은데요.

partial
[pάːrʃəl] 파셜

부분적인, 일부분의, 불완전한, 편파적인

The coroner performed a partial anatomy on
the corpse.
그 검시관이 시체의 부분적인 해부를 했다.

participate 참가하다
[pɑ:rtísəpèit] 파티서페잇

#It is significant for a country simply to participate in the Olympics.
올림픽에는 참가하는 데 의의가 있다.

particle 입자, 극소량, 조항
[pá:rtikl] 파티클

#There is not one particle of evidence.
증거는 조금도 없다.

particular 특별한, 특정한
[pərtíkjələr] 퍼티키얼러

#I have no hobbies in particular.
나는 특별한 취미가 없다.

partition 분할, 분배, 구분, 한 구획, 칸막이
[pɑ:rtíʃən] 파디션

#We made use of partitions to break up the floor space into a large number of small offices.
우리는 바닥 공간을 많은 수의 작은 사무실로 나누기 위해 칸막이를 이용했다.

pass 지나다, 통과하다, 건네주다, 합격
[pæs] 패스

#It was a only passing shower.
그냥 지나가는 소나기였다.

passenger 승객
[pǽsəndʒər] 패선저

The bus was packed with passengers.
버스가 승객들로 가득 차 있었다.

passport 여권
[pǽspɔ̀ːrt, pɑ́ːs-] 패스포트

May I see your passport and landing card, please?
여권과 탑승권을 볼 수 있을까요?

past 지나간, 과거
[pæst] 패스트

I've regained weight in the past two months.
지난 두 달 동안 살이 도로 쪘다.

patron 후원자, 지지자, 단골손님
[péitrən] 페이츠런

The patron appreciated genuine antiques.
그 예술 후원자는 진품 골동품의 진가를 인정했다.

pattern 모범, 패턴, 양식, 견본
[pǽtərn] 패턴

Please send us some patterns of your newest designs with your best terms.
가장 좋은 조건으로 최신 디자인의 견본을 좀 보내 주세요.

paw
[pɔ:] 포

(동물의) 발, 발로 긁다

The dog pawed at his sleeve.
개가 그의 소매를 앞발로 긁었다.

payment
[péimənt] 페이먼트

지불, 납부

I have asked our accounting department to expedite payment procedures for payment of the amount to you.
귀사에 대한 문제의 금액 지불절차를 신속히 처리하도록 경리부에 지시했습니다.

pearl
[pə:rl] 펄

진주

Please send us samples of the imitation pearls which you can now supply from stock.
현재 재고품 중에서 공급할 수 있는 인조 진주의 견본을 좀 보내 주십시오.

penalize
[pí:nəlàiz, pén-] 피널라이즈

벌하다, 형을 과하다

The state of Quebec, Canada, penalized individuals for speaking English and forbade English street signs.
캐나다의 퀘백주는 영어를 사용하는 사람들에게 벌을 주고 거리의 영어 표지판을 금지시켰다.

penalty
[pénəlti] 페널티

형벌, 처벌, 벌금

Driving while drunken could endanger other's lives, so penalties are severe.
음주 운전은 다른 사람들의 생명을 위태롭게 할 수 있으므로 형벌이 엄하다.

penetration
[pènətréiʃən] 페너츠레이션

꿰뚫고 들어감, 침투, 보급

What is true of the pay TV penetration forecast?
유료 TV 보급 예상치에 대한 설명으로 맞는 것은?

pension
[pénʃən] 펜션

연금, 하숙집

Due to his retirement pension, he lives comfortable off.
퇴직 연금 덕분에, 그는 돈 걱정 없이 산다.

perceive
[pərsíːv] 퍼시브

인지하다, 감지하다

I perceived his comments as a challenge.
나는 그의 논평을 도전으로 인지했다.

perfect
[pə́ːrfikt] 퍼픽트

완벽한

I got a perfect grade in science.
난 과학에서 만점을 받았다.

performance 실행, 수행, 행위, 동작, 공연, 연주, 성적, 성과

[pərfɔ́ːrməns] 퍼포먼스

#I had two tickets for tonight's performance.
나는 오늘 밤 공연 티켓이 두 장 있었다.

perfume 향기, 향료, 향수

[pəːrfjuːm, pərfjúːm] 퍼퓸

#I have bought a bottle of perfume for my wife.
나는 아내에게 줄 향수 한 병을 샀다.

periodical 주기적인, 정기적인, 정기 간행의

[pìəriɑ́dikəl, -ɔ́d-] 피어리아디컬

#Periodicals may be renewed once.
정기간행물은 한 번 반환 기일을 갱신할 수 있다.

permanent 영원한, 불변의, 상설의

[pəːrmənənt] 퍼머넌트

#Some drugs cause permanent brain damage.
어떤 약물들은 영구적인 두뇌 손상을 초래한다.

permission 허가, 면허, 허용, 인가

[pəːrmíʃən] 퍼미션

#I had to get my parent's permission to go.
가도 된다는 부모님의 허락을 받아야만 했다.

perpetrate 저지르다, 범하다
[pə́:rpətrèit] 퍼퍼츠레잇

Only an insane person could perpetrate such a horrible crime.
미친 사람만이 그런 끔찍한 범죄를 저지를 수 있을 것이다.

perseverance 인내, 인내력, 참을성
[pə̀:rsəví:rəns] 퍼서비런스

After months of disappointment, his perseverance was finally rewarded.
실의의 몇 달이 지난 후, 마침내 그의 인내력은 보상을 받았다.

persist 고집하다, 지속하다
[pə:rsíst] 퍼시스트

He persisted in his project.
그는 자기 계획을 고집했다.

personality 개성, 성격, 인격
[pə̀:rsənǽləti] 퍼서낼러티

It's not easy to understand other's personality.
다른 사람의 성격을 다 이해한다는 것은 쉬운 일이 아니다.

personnel 전 직원, 인원
[pə̀:rsənél] 퍼서넬

Our personnel was negligent in conducting pre-shipment checks, thus inviting the trouble.
우리 직원들이 출하 전에 제품 검사에 태만했기 때문에, 이러한 문제를 초래했습니다.

perspective 원근법, 관점, 시각, 전망

[pə:rspéktiv] 퍼스펙티브

Although I do not wish to belittle your contribution, I feel we must place it in its proper perspective.

당신의 공헌을 경시하고 싶지는 않지만, 그것을 올바른 관점에서 보아야 한다고 생각한다.

perspiration 땀, 땀 흘리기

[pə̀:rspəréiʃən] 퍼스퍼레이션

Genius is one percent inspiration and ninety-nine percent perfect perspiration.

천재는 1%의 영감과 99%의 노력이다.

persuade 설득하다, 권유하여 ~시키다

[pə:rswéid] 퍼스웨이드

She finally persuaded us that she was telling the truth.

그녀는 마침내 자기가 진실을 말하고 있음을 우리에게 납득시켰다.

pertain 속하다, 관계하다

[pərtéin] 퍼테인

Your remark hardly pertains to the matter in hand.

당신의 말은 당면 문제와 거의 관련이 없다.

pessimistic 비관적인, 염세적인
[pèsəmístik] 페서미스틱

I think the original sales figures were too pessimistic.
나는 원래의 판매 수치가 너무 비관적이었다고 생각한다.

pest 해충
[pest] 페스트

In two to four weeks, pests are driven from the area.
2주 내지 4주가 지나면, 해충들은 그 지역에서 말끔히 사라집니다.

pet 반려동물
[pet] 펫

I want to raise a pet dog for my hobby.
나는 취미로 반려견을 기르고 싶다.

petition 청원, 청원서, 탄원, 탄원서
[pitíʃən] 피티션

We petitioned the government to withdraw the bill.
그 법안을 철회해 달라고 정부에 탄원했다.

petroleum 석유
[pətróuliəm] 퍼츠로올리엄

Petroleum is composed of a complex mixture of hydrogen and carbon.
석유는 수소와 산소의 복합적인 혼합체로 구성된다.

pharmacist 약사
[fáːrməsist] 파머시스트

The pharmacist said that I should take the medicine three times a day.
약사가 약을 하루에 세 번 먹어야 한다고 했다.

pharmacy 약국, 약학, 제약업
[fáːrməsi] 파머시

I went to the pharmacy with the prescription.
처방전을 가지고 약국에 갔다.

phone 전화, 전화기, ~에게 전화를 걸다
[foun] 포운

My phone's ringing off the hook.
제 전화기에 불이 나고 있어요.

photograph 사진, ~의 사진을 찍다
[fóutəgræ̀f] 포우터그래프

None of the photographs I took yesterday came out.
어제 사진 찍은 것이 하나도 나오지 않았대요.

physical 육체의, 물질의, 물리적인
[fízikəl] 피지컬

Your son appears to be in good physical health.
당신의 아들은 신체가 매우 건실해 보인다.

physician
[fizíʃən] 피지션

의사, 내과의사

\# This medicine is obtainable only on a physician's prescription.
이 약은 의사의 처방 없이는 조제하지 않습니다.

pick
[pik] 픽

고르다, 뽑다, 따다, 골라잡다, 소매치기하다

\# I picked up a bill in the restaurant.
식당에서 지폐 한 장을 주웠다.

picnic
[píknik] 피닉

소풍

\# I went on a picnic in the park.
친구들과 공원으로 소풍을 갔다.

picture
[píktʃər] 픽처

그림, 사진, 영화, 정세

\# It's a picture of my family.
우리 가족 사진이야.

pier
[piər] 피어

부두, 방파제, 교각

\# Some of them attach themselves to stationary objects such as rocks or piers by the suction of organs called holdfasts.
일부는 흡착 기관이라 불리는 조직의 빨아들이는 힘에 의해 바위나 부두와 같은 정지해 있는 물체에 자신을 부착시킨다.

piety
[páiəti] 파이어티

경건, 신앙심, 충성심

All this is derived from filial piety, one of many Confucian virtues.
이 모든 것은 많은 유교의 덕목 중 하나인 효에서 나온 것입니다.

pile
[pail] 파일

쌓아 올린 것, 더미

There was a ton of snow piled up along the roadside.
도로 옆에 눈이 수북이 쌓여 있었다.

pill
[pil] 필

알약

He told me to take two pills half an hour before each meal.
그는 식사하기 30분 전에 약을 두 알씩 먹으라고 말했다.

pity
[píti] 피티

불쌍히 여김, 동정, 유감

It's a pity that he failed in the test.
그가 시험에서 떨어진 일은 유감스러운 일이다.

place
[pleis] 플레이스

장소, 위치, 자리, 공간, 지위, 신분

This is the only place open this late night.
이 늦은 시간에 문을 연 곳은 여기뿐일 거예요.

P

plague
[pleig] 플레이그

역병, 전염병

So far no less than 100 people have died of the plague.
지금까지 그 전염병으로 100명이나 되는 사람이 죽었다.

plaintiff
[pléintif] 플레인티프

원고, 고소인

The jury found for the plaintiff.
배심원단은 원고에게 유리한 평결을 내렸다.

plant
[plænt, plɑ:nt] 플랜트

식물, 공장, 심다

On Arbor Day, I went to a mountain and planted a tree.
식목일에, 가족과 함께 산에 가서 나무 한 그루를 심었다.

planting
[plǽntiŋ, plɑ́:nt-] 플랜팅

심기, 재배

They're just planting some flowers in front of the building.
건물 앞쪽에 꽃을 좀 심고 있어요.

planetarium
[plæ̀nətéəriəm] 플래너테어리엄

천문관, 플라네타륨, 별자리 투영기

The astronomer lectures at the planetarium.
그 천문학자는 천문관에서 강의한다.

pleasure
[pléʒər] 플래저

기쁨, 즐거움

\# It's been a pleasure to do business with you,
Mr. Smith.
스미스 씨 당신과 사업을 하게 되어 매우 기쁩니다.

plumage
[plú:midʒ] 플루미지

깃털, 좋은 옷

\# The chicken ruffled its plumage as it saw the
cat.
닭이 고양이를 보고 깃털을 곤두세웠다.

plummet
[plʌ́mit] 플러밋

수직으로 떨어지다, 급락하다, 곤두박질치다

\# Temperatures plummeted, and land surfaces
in many parts of the world were depressed by
the unrelenting weight of the thrusting ice.
기온이 급격히 떨어졌고, 세계 여러 지역에서 땅 표면은
돌진하는 빙하의 무자비한 무게로 짓눌렸다.

plump
[plʌmp] 플럼프

통통한, 포동포동한, 불룩한

\# She was a plump, pleasant-faced woman.
그녀는 통통하고 기쁜 얼굴을 한 여자였다.

plunder
[plʌ́ndər] 플런더

약탈하다, 횡령하다, 약탈, 약탈품

\# They loaded the carts with plunder.
그들은 마차에 약탈품을 실었다.

plunge
[plʌndʒ] 플런지

던져 넣다, 찌르다, 거꾸러지다

He plunged his hand deep into his pocket.
그는 호주머니 깊숙이 손을 찔러 넣었다.

plus
[plʌs] 플러스

~을 더하여, 여분의, ~을 입은, ~을 벌어

I am at present earning $81,000 per annum, plus expenses.
저는 현재 수당을 더하여 연간 81,000달러를 받고 있습니다.

ply
[plai] 플라이

다니다, 다루다

The ship plies between Busan and Jeju Island.
그 배는 부산과 제주도 간을 다닌다.

pneumatic
[njumǽtik] 뉴매딕

공기의, 기체의

I installed an used pneumatic tires in my car.
나는 내 차에 중고 공기 타이어를 장착했다.

poison
[pɔ́izən] 포이전

독

One man's meat is another man's poison.
한 사람에게 고기가 다른 사람에겐 독이 될 수 있다.

pole
[poul] 포울

막대기, 장대, 기둥, 극지방

Both poles of our planet are covered with ice.
지구의 양극은 얼음으로 덮여 있습니다.

policy
[pɑ́ləsi, pɔ́l-] 팔러시

정책, 수단

Honesty is the best policy.
정직이 최선의 정책이다.

polish
[pɑ́liʃ, pɔ́l-] 팔리시

닦다, ~의 윤을 내다, 세련되게 하다, 퇴고하다

I polished my dad's shoes to get the allowance.
용돈을 받기 위해서 아빠의 구두를 닦아 드렸다.

politely
[pəláitli] 펄라이틀리

공손히

Please speak a little more politely.
조금 더 공손하게 말해 주세요.

politics
[pɑ́litiks, pɔ́l-] 팔리틱스

정치, 정치학

Widespread participation in politics does not necessarily ensure a well-run government.
정치에 광범위하게 참여한다고 해서 반드시 잘 운영되는 정부가 보장되는 것은 아니다.

poll
[poul] 포울

투표, 여론조사

\# Nearly 80 percent of eligible voters went
to the polls for Friday's election, one of the
nation's highest turnouts ever.
금요일 총선 때 유권자 중 거의 80%가 투표했는데, 이는
사상 최대의 투표율에 속한다.

pollutant
[pəlúːtənt] 펄루턴트

오염 물질

\# I hope that the smog and the air pollutants
will not make human beings as extinct as the
dinosaurs.
스모그와 대기 오염 물질이 인간을 공룡처럼 멸종시키지
않기를 바란다.

popular
[pápjələr, pɔ́p-] 파피얼러

대중적인, 인기 있는

\# He is one of the most popular sportsmen in
Korea.
그는 한국에서 가장 인기 있는 스포츠맨 중의 한 명이다.

population
[pàpjəléiʃən] 파피얼레이션

인구

\# Rice, which still forms the staple diet of much
of the world's population, grows best in hot,
wet lands.
아직도 세상 인구 중 많은 사람들의 필수 식량을 구성하고
있는 쌀은, 덥고 습한 지역에서 가장 잘 자란다.

popularity 인기, 대중성
[pὰpjəlǽrəti, pɔ́p-] 파피얼래러티

       # He gained popularity this year.
       그는 올해 인기를 많이 얻었다.

populous 인구 밀도가 높은, 사람이 붐빈
[pάpjələs, pɔ́p-] 파피얼러스

       # Seoul is the most populous city in Korea.
       서울은 한국에서 인구 밀도가 가장 높은 도시이다.

porous 작은 구멍이 많은
[pɔ́:rəs] 포러스

       # Bones are porous, they stick to the tongue.
       뼈는 작은 구멍들이 많아서, 혀에 들러붙습니다.

port 항구, 무역항
[pɔ:rt] 포트

       # I know that the two main ports in Korea are
       Busan and Incheon.
       한국의 2대 주요 항구가 부산과 인천에 있다고 하던데요.

portable 들고 다닐 수 있는, 휴대용의
[pɔ́:rtəbəl] 포터벌

       # With the growing popularity of back-packing
       and hiking, all kinds of portable camping
       equipment are being sold.
       배낭을 메고 하이킹 가는 것이 인기가 높아짐에 따라, 각종
       휴대용 캠핑 장비가 팔리고 있다.

P

portion
[pɔ́ːrʃən] 포션

일부, 부분, 몫, 1인분

\# The centre portion of the bridge collapsed.
다리 중간 부분이 내려앉았다.

portray
[pɔːrtréi] 포츠레이

그리다, 묘사하다

\# He portrayed the scientist working at her desk.
그는 그 과학자가 책상에서 연구하는 모습을 그렸다.

position
[pəzíʃən] 퍼지션

위치, 장소, 지위, 신분, 태도, 자세, 상태

\# Are you in a position to say that?
당신이 그렇게 말할 자격이 있어요?

possess
[pəzés] 퍼제스

소유하다, 지니다

\# The politician possesses wealth and power.
그 정치가는 부와 권력을 소유하고 있다.

post
[poust] 포우스트

우편, 우편물

\# Do you handle parcel post?
소포 우편물을 여기서 취급합니까?

postage 우편 요금
[póustidʒ] 포우스티지

What's the airmail postage to Japan?
일본까지 항공 우편 요금은 얼마입니까?

postpone 연기하다, 미루다
[poustpóun] 포우스트포운

Because of the rain, the game was postponed.
비가 와서, 경기가 연기되었다.

potential 잠재적인, ~의 가능성이 있는
[pouténʃəl] 포우텐셜

The service sector has great potential.
서비스 분야의 성장 가능성이 매우 크다.

pour 퍼붓다
[pɔ:r] 포어

It never rains but it pours.
안 좋은 일은 한꺼번에 생긴다.
(비가 왔다 하면 억수로 퍼붓는다.)

poverty 가난, 결핍, 열등
[pávərti, pɔ́v-] 파버티

Poverty is no disgrace, but it is a great inconvenience.
가난은 불편하지만, 부끄러운 것이 아니다.

practice
실행, 연습, 관례, 업무, 환자, 사건 의뢰인

[præktis] 프랙티스

Practice makes perfect.
서당 개 삼 년이면 풍월을 읊는다. (연습하면 완벽해진다.)

precede
앞서다, 선행하다

[prisí:d] 프리시드

A slight tremor preceded the earthquake.
그 지진에 앞서 가벼운 진동이 있었다.

precisely
정밀하게, 정확하게

[prisáisli] 프리사이슬리

He enunciated the words very precisely.
그는 그 말들을 정확하게 발음했다.

predecessor
전임자, 선배, 선행자, 이전 것

[prédisèsər, prí:disèsər] 프레디세서

Customers who bought the new equipment commented that they had expected that it would perform much better than its predecessor.
신형 장비를 구입한 소비자들은 신형이 구형보다 성능이 향상되었을 것으로 예상했었다고 말했다.

predict
예언하다, 예보하다

[pridíkt] 프리딕트

The weather forecast predicted sunshine for tomorrow.
일기 예보에서 내일 날씨가 맑을 것이라고 예보하였다.

prediction 예언, 예보
[pridíkʃən] 프리딕션

\# Her predictions came true.
그녀의 예견은 사실이 되었다.

predisposition 경향, 성질
[priːdispəzíʃən] 프리디스퍼지션

\# Scientists have discovered a new therapy for those with a genetic predisposition to certain types of skin ailments.
과학자들은 특정 피부 질환에 유전적으로 약한 사람들을 위해 새로운 치료법을 발견했다.

prefer 더 선호하다
[prifə́ːr] 프리퍼

\# I prefer meat to vegetables.
나는 채소보다 고기를 더 좋아한다.

preferable 오히려 더 나은, 바람직한
[préfərəbəl] 프레퍼러벌

\# It is preferable that he gets there by tomorrow.
그가 내일까지 그곳에 도착하는 것이 바람직하다.

pregnancy 임신
[prégnənsi] 프레그넌시

\# Smoking during pregnancy is dangerous.
임신 기간 중의 흡연은 위험하다.

prejudice   편견, 선입관
[prédʒudis] 프레주디스

\# Such a prejudice is one of social problems.
그러한 편견은 사회 문제들 중 하나이다.

premature   조숙한, 시기상조의
[prì:mətjúər] 프리머츄어

\# It is premature to carry out the plan.
그 계획을 실행하기에는 아직 시기가 빠르다.

premise   전제, 집과 대지
[prémis] 프레미스

\# His whole life as a police officer has been
lived on false premises.
경찰관으로서 그의 평생은 잘못된 논리를 바탕으로 살아온
것이다.

premium   보험료, 할증금, 포상금, 수수료, 이자
[prí:miəm] 프리미엄

\# Premium will be added to invoice amount
together with freight charges.
보험료는 운임과 같이 송장에 기입하겠습니다.

premonition   사전 경고
[prì:məníʃən] 프리머니션

\# We ignored these premonitions of disaster
because they appeared to be based on
childish fears.
우리는 이 재난의 예고가 유치한 공포에 근거를 둔 것으로
여겼기 때문에 무시해 버렸다.

prepare 준비하다
[pripέər] 프리페어

Do you want me to come in to work early on Monday to help you prepare for the seminar?
제가 세미나 준비를 돕도록 월요일 일찍 출근할까요?

prerequisite 없어서는 안 될 조건, 전제 조건
[priːrékwəzit] 프리레쿼짓

P

A prerequisite to get the consent of our management is that the price should be lower than that of other suppliers.
우리 경영진의 동의를 얻는 전제 조건은 가격이 다른 공급업체의 것보다 낮아야 한다는 것입니다.

prescribe 규정하다, 지시하다, 처방하다
[priskráib] 프리스크라입

The doctor prescribed some medicine.
의사가 약을 처방해 주셨다.

prescription 규정, 법규, 규범, 처방
[priskrípʃən] 프리스크립션

Would you fill this prescription?
이 처방대로 약을 지어 주세요.

present 선물, ~에게 주다, 제출하다, 현재의, 출석한
[prézənt] 프레전트

Mom made me a pretty doll for my birthday present.
엄마가 생일 선물로 예쁜 인형을 만들어 주셨다.

preserve 보전하다, 유지하다, 보호하다
[prizə́:rv] 프리저브

It's the duty of the police to preserve public order.
공공질서를 유지하는 것이 경찰의 임무이다.

president 대통령, 회장, 사장
[prézidənt] 프레지던트

The president was tied up all morning in a meeting.
사장은 회의로 아침 내내 꼼짝달싹 못 했다.

pressure 압력, 압박, 기압
[préʃər] 프레셔

He only agreed to do it under pressure from his parents.
그는 부모의 압력을 받고 그것을 하는 데 동의했을 뿐이었다.

prestige 위신
[prestí:dʒ, préstidʒ] 프레스티지

In addition to the emolument this position offers, you must consider the social prestige it carries with it.
당신은 이 직책에서 나오는 봉급에 덧붙여 사회적인 특권도 고려해야 한다.

pretend ~인 체하다, 가장하다
[priténd] 프리텐드

I sat there pretending to listen but I was bored to death.
나는 거기에 앉아 듣는 척했지만 따분해 죽는 줄 알았다.

previous
앞의, 이전의, 사전의

[príːviəs] 프리비어스

I couldn't attend the party owing to a previous appointment.
선약이 있어서 그 파티에 참석하지 못했다.

price
가격, 상금

[prais] 프라이스

I think the price is a little high, can't you reduce it?
제 생각에 가격이 조금 높군요. 가격을 좀 낮춰 주실 수 없나요?

priceless
대단히 귀중한, 값을 매길 수 없는

[práislis] 프라이슬리스

This ancient gold coin isn't just valuable; it's priceless.
이 고대 금화는 단순히 가치가 큰 것이 아니라, 도저히 값을 매길 수 없는 것이다.

prime
첫째의, 주요한, 최고의, 전성기

[praim] 프라임

I'm past my prime.
나의 전성기는 지나갔어요.

primary
첫째의, 주요한, 근원적인

[práimeri, -məri] 프라이메리

I consider ignorance the primary enemy of mankind.
나는 무지를 인간의 주된 적이라고 여긴다.

329

prior
[práiər] 프라이어

앞의, 사전의

You should arrive at least one hour prior to boarding.
최소한 탑승하시기 한 시간 전에는 도착하셔야 합니다.

priority
[praió(:)rəti, -ár-] 프라이오러티

우선순위, 우선권

You keep your priorities straight.
우선순위를 명확히 하십시오.

prison
[prízn] 프리즌

교도소, 감옥

The judge sentenced a convict to five years in prison.
판사가 죄수에게 5년 징역형을 선고했다.

prisoner
[príznər] 프리즈너

죄수, 재소자, 포로

He promised to liberate all the political prisoners.
그는 모든 정치범을 석방하기로 약속했다.

private
[práivit] 프라이빗

사적인

He talks a lot about others' private business.
그는 남의 사적인 일에 대한 이야기를 많이 한다.

privilege 특권
[prívəlidʒ] 프리빌리지

The notorious dictator abused his privileges to his heart's content.
그 악명 높은 독재자는 마음껏 특권을 남용했다.

prize 상품, 상, 상금
[praiz] 프라이즈

My dream is to win the Nobel Peace Prize.
나의 꿈은 노벨 평화상을 타는 것이다.

probability 가망, 확률
[prɑ̀bəbíləti, prɔ̀b-] 프라버빌러티

There's a probability of rain tonight.
오늘 밤에는 비가 올 것 같다.

procedure 순서, 절차, 진행
[prəsí:dʒər] 프러시저

I went through the departure procedures in the airport.
공항에서 출국 수속을 하였다.

proceed 앞으로 나아가다, 진행되다, 계속하다
[prousí:d] 프로우시드

We are at loss as to how to proceed in this matter.
이 건을 어떻게 진행해야 할지 당혹스럽습니다.

process
[práses] 프라세스   진행, 경과, 과정, 처리

\# We would like to know what the increase in price would be for this process.
이 진행 과정에서 가격이 얼마나 인상될지 알고 싶은데요.

procession
[prəséʃən] 프러세션   행진, 행렬

\# The choir entered the church in procession.
합창단은 행렬을 지어 교회로 들어갔다.

product
[prádəkt] 프라덕트   생산, 생산물, 결과물

\# Please do not ignore the fact our new line of products is far superior to existing lines.
이번 신제품은 종전의 제품에 비해 월등히 우수하다는 사실을 잊지 마세요.

production
[prədʌ́kʃən] 프러덕션   생산, 생산량, 제작, 작품

\# A lower price will not be possible until production volumes increase substantially.
생산량이 상당히 증가되기 전에는 더 이상의 가격 인하는 불가능합니다.

proficiency
[prəfíʃənsi] 프러피션시   숙달, 능숙

\# Language proficiency is his exclusive weapon.
어학에 능통한 것이 그의 유일한 무기다.

profit
[práfit, prɔ́f-] 프라핏

이익, 수익, 이윤, 소득, 이자

Today's profits are yesterday's good will-ripened.
오늘의 이익은 어제의 선의가 열매 맺은 것이다.

prohibit
[prouhíbit] 프로우히빗

금지하다

Some countries prohibit foreign ownership in key industries.
어떤 나라에서는 기간산업 분야에 있어 외국인의 기업 소유를 금지하고 있다.

project
[prədʒékt] 프러젝트

계획하다, 예상하다, 투영하다, 계획, 과제

I'll check if he's finished working on the project.
그가 그 프로젝트에 관한 일을 끝냈는지 알아볼게요.

projection
[prədʒékʃən] 프러젝션

예상, 추정, 투사, 투영

This projection will facilitate a change, subject to anticipated market fluctuation.
이번 예측은 예상되는 시장 변동에 따라 가능하게 될 것입니다.

prominent
[prámənənt, prɔ́m-] 프라머넌트

현저한, 두드러진, 저명한

Our house is in a prominent position.
우리 집은 눈에 잘 띄는 위치에 있다.

promise
[prάmis] 프라미스

약속, 계약, 징후, 징조

\# He kept his promise.
그는 자기 약속을 행동으로 옮겼다.

promote
[prəmóut] 프러모웃

촉진하다, 승진시키다, 홍보하다

\# Proper exercise promotes health.
적절한 운동은 건강을 증진시킨다.

\# I want to get promoted as soon as possible.
가능한 빨리 승진하고 싶다.

promotion
[prəmóuʃən] 프러모우션

승진, 조장, 진흥

\# I hear you got a promotion recently.
최근에 당신이 승진했다고 들리던데요.

promotional
[prəmóuʃənəl] 프러모우셔널

촉진 장려용의, 선전용의

\# Please utilize these materials in your sales
promotional activities.
이 자료들을 판매촉진 운동에 활용해 주시기 바랍니다.

promptly
[prάmptli] 프람틀리

신속히, 재빠르게, 즉석에서, 즉시

\# He shouted defiance at the policeman and
was promptly arrested.
그가 경찰관에게 도전적으로 소리를 질러 즉각 체포되었다.

pronounce 발음하다, 선언하다
[prənáuns] 프러나운스

\# How do you pronounce this word?
이 단어를 어떻게 발음하는 겁니까?

proof 증명, 증거
[pru:f] 프루프

\# I will adhere to this opinion until proof that
I am wrong is presented.
나는 내가 잘못되었다는 증거가 제시될 때까지 이 견해를
고수할 것이다.

propel 추진하다, 몰아대다
[prəpél] 프러펠

\# A hand on her shoulder propelled her along
the corridor at amazing speed.
그녀 어깨 위의 손은 놀라운 속도로 복도를 따라 그녀를
몰아갔다.

property 재산, 자산, 소유물, 성질, 특성
[prápərti] 프라퍼티

\# The stolen property must be restored to its
owner.
도난당한 재산은 마땅히 그 주인에게 돌려주어야 한다.

prophesy 예언하다, 예측하다
[práfəsài] 프라퍼사이

\# They prophesied correctly that the party
would win the election.
그들은 그 정당이 선거에서 이길 것을 정확하게 예견했다.

proportion 비율, 균형, 몫
[prəpɔ́ːrʃən] 프러포션

What is the proportion of men to women in the population?
인구의 남녀 비율이 어떻게 됩니까?

proposal 신청, 제안, 제의, 계획, 안
[prəpóuzəl] 프러포우절

I gave thumbs down on his proposals.
나는 그의 제안에 반대했다.

propulsion 추진, 추진력
[prəpʌ́lʃən] 프러펄션

Jet propulsion can take place in a vacuum as long as oxygen is provided to burn the engine's fuel.
엔진의 연료를 태우기 위해 산소가 공급되는 한 진공 상태에서 제트 추진은 일어날 수 있다.

prospect 전망, 경치, 예상, 기대
[prɑ́spekt, prɔ́s-] 프라스펙트

Future prospects are very bright.
앞으로의 전망은 매우 밝습니다.

prospective 예상된, 장래의, 가망 있는
[prəspéktiv] 프러스펙티브

We couldn't derive the prospective benefits from the business.
우리는 그 사업에서 예상된 이익을 얻을 수 없었다.

prosper 번영하다
[práspər, prɔ́s-] 프라스퍼

His business prospered.
그의 사업은 번창했다.

protect 보호하다
[prətékt] 프러텍트

We must awaken people to the need to protect our environment.
사람들이 환경 보호의 필요성을 자각하게 해야 한다.

protection 보호, 보안
[prətékʃən] 프러텍션

Fasten your seat belt, please. It's the law. It's also for your protection.
안전벨트 매세요. 법으로 규정되어 있거든요.
또한 안전을 위해서지요.

protein 단백질
[próuti:n] 프로우틴

Dried legumes contain a large proportion of proteins and can be used as meat substitutes.
건조된 콩과 식물에는 상당한 비율의 단백질이 들어있어
식육 대용품으로 이용될 수 있다.

provide 주다, 공급하다, 규정하다
[prəváid] 프러바이드

Traveling provides the opportunities to experience other cultures.
여행은 다른 문화를 경험할 수 있는 기회를 준다.

provision
[prəvíʒən] 프러비전

제공, 예비, 준비, 규정, 조항

\# They helped needy people by the provision of food, clothing and shelter.
그들은 의식주를 제공하여 빈곤한 사람들을 도왔다.

provocative
[prəvάkətiv] 프러바커티브

성나게 하는, 자극적인, 선동적인, 도발적인

\# She was dressed to look provocative.
그녀는 도발적으로 보이도록 옷을 입고 있었다.

public
[pΛblik] 퍼블릭

공공의, 대중의

\# More people should use the public transportations.
더 많은 사람들이 대중교통을 이용해야 한다.

publication
[pΛbləkéiʃən] 퍼블러케이션

발표, 공표, 발행, 출판, 출판물

\# I would like to receive this publication regularly.
이 간행물을 정기적으로 받았으면 합니다.

publish
[pΛbliʃ] 퍼블리시

발표하다, 공표하다, 출판하다

\# As a matter of fact, she's just had her first book of poems published.
사실, 그녀는 자기의 첫 번째 시집을 막 출판했어요.

pull
[pul] 풀

당기다, 끌다

\# I want to have this tooth pulled out.
이 이를 좀 뽑아 주세요.

punctually
[pʌ́ŋktʃuəli] 펑추얼리

시간을 엄수하는, 기간대로, 예정대로

\# As we have always received your payment punctually, we are puzzled to have had neither remittance nor report in connection with our current statement.
귀사는 항상 기한 내에 지불을 이행해 왔는데, 당사의 최근 청구서에 대하여 송금도 연락도 받지 않아 당황하고 있습니다.

purchase
[pə́ːrtʃəs] 퍼처스

사다, 구입하다, 매수하다

\# If you purchase more than ten thousand units, we can reduce it to twelve dollars.
만일 만 개를 한 번에 구매하시면, 12달러로 가격을 낮출 수 있습니다.

purchaser
[pə́ːrtʃəsər] 퍼처서

구매자

\# My purchaser went to order the products for your order and was informed that there has been a price increase.
당사의 구매자가 귀 주문품을 구입하러 갔는데 가격이 인상되었다고 알려 왔습니다.

purpose 목적
[pə́:rpəs] 퍼퍼스

\# The purpose of a tour is to see more of the world.
여행의 목적은 견문을 넓히려는 데 있다.

purse 지갑, 돈주머니, 기부금
[pə:rs] 퍼스

\# This purse was a real steal.
이 지갑은 정말 싸게 샀어요.

1. 나는 **특별한** 취미가 없다.

I have no hobbies in _____.

2. 버스가 승객들로 가득 차 있었다.

The bus was packed with _____.

3. 그는 자기 계획을 고집했다.

He _____ in his project.

4. 처방전을 가지고 **약국**에 갔다.

I went to the _____ with the prescription.

5. 그가 시험에서 떨어진 일은 **유감스러운 일**이다.

It's a _____ that he failed in the test.

6. 정직이 최선의 **정책**이다.

Honesty is the best _____.

7. **연습하면** 완벽해진다. (서당 개 삼 년이면 풍월을 읊는다.)

_____ makes perfect.

8. 나의 꿈은 노벨 평화상을 타는 것이다.

My dream is to win the Nobel Peace _____.

1. particular **2.** passengers **3.** persisted **4.** pharmacy
5. pity **6.** policy **7.** Practice **8.** Prize

qualification   자격, 자격증, 조건
[kwὰləfikéiʃən] 콸러피케이션

\# He recognized his lack of qualifications.
그는 자신의 자격이 부족함을 깨달았다.

qualify   ~에게 자격을 주다, ~에게 권한을 주다
[kwάləfài] 콸러파이

\# He is very qualified as a teacher.
그는 교사로서 충분한 자격을 갖추고 있다.

quality   질, 품질, 특성, 재능, 고급의
[kwάləti] 콸러티

\# It's of very good quality.
그것은 품질이 아주 좋다.

quantity   양, 수량, 다량, 다수
[kwάntəti, kwɔ́n-] 콴터티

\# If you can supply suitable goods, we may
place regular orders for large quantities.
적합한 물품을 공급할 수 있다면, 정기적으로 대량 주문을
하려고 합니다.

quarter
[kwɔ́ːrtər] 쿼터

4분의 1, 15분, 사분기, 25센트짜리 동전, 숙소, 병사

\# Are sales up this quarter?
이번 분기에 매출이 올랐나요?

question
[kwéstʃən] 퀘스천

질문, 심문, 물음, 의심

\# It's a puzzling question.
그 문제는 알쏭달쏭하다.

quick
[kwik] 퀵

빠른, 즉석의, 민감한, 성미 급한

\# That's the fastest way to make a quick buck.
그건 돈 벌 수 있는 가장 빠른 방법입니다.

quit
[kwit] 퀫

그치다, 그만두다

\# I quit for reasons of conscience.
내 신념의 문제로 그만둔 거야.

quota
[kwóutə] 쿼우터

몫, 할당

\# We are sorry to say that recent changes in import quotas may cause us difficulty in executing orders.
당사는 최근 수입 할당의 변화로 인해서 귀사의 주문을 예정대로 이행하기에 다소 어려움이 있음에 사과드립니다.

quote
[kwout] 쿼웃

인용하다, 예시하다

\# He's always quoting verses from the Bible.
그는 항상 성경에 나오는 구절들을 인용한다.

Q

racial
[réiʃəl] 레이셜

인종의, 종족의, 민족의

The report also found that employers were racially prejudiced and that they themselves were also becoming racist.
고용주들이 인종적으로 편견을 갖고 있었으며 결국 그들 자신이 인종 차별주의자가 되는 것으로 보고서에 나타났다.

rage
[reidʒ] 레이지

격노, 격렬한 분노, 폭력 사태

At last he burst with rage.
끝내 그의 노여움이 폭발했다.

rainfall
[réinfɔ̀ːl] 레인폴

비가 내림, 강우량

It was a fine weather just after the rainfall.
비가 갠 뒤의 좋은 날이었다.

raise
[reiz] 레이즈

올리다, 기르다, 모금하다, 가격 인상, 승급

I asked my boss for a raise.
사장에게 월급 인상을 요구했다.

rake
[reik] 레익

갈퀴, 갈퀴로 모으다, 난봉꾼

\# Rake up the trash in the yard and burn it.
마당의 쓰레기를 긁어모아 태워라.

random
[rǽndəm] 랜덤

임의의, 무작위의

\# She started reading a magazine here and there at random.
그녀는 잡지를 여기저기 무작위로 읽기 시작했다.

range
[reindʒ] 레인지

정렬시키다, 늘어놓다, 배치하다

\# What price range do you have in mind?
가격을 얼마 정도로 생각하세요?

rare
[rɛə:r] 레어

드문, 희귀한, 덜 구워진

\# It is a rare writer who is his own best critic.
자기 자신을 가장 잘 비판할 수 있는 작가는 드물다.

rarely
[rɛ́ə:rli] 레얼리

좀처럼 ~하지 않는, 드물게

\# A miracle rarely happens.
기적은 드물게 일어난다.

rash
[ræʃ] 래시

분별없는, 경솔한, 성급한

\# You shouldn't make rash promises.
성급한 약속을 해선 안 된다.

rate 비율
[reit] 레잇

The new account has the highest interest rate.
새 계좌는 이자율이 가장 높았다.

ratio 비, 비율
[réiʃou, -ʃiòu] 레이쇼우

The ratio between males and females was three to two.
남녀의 비율은 3대 2였다.

rational 이성적인, 합리적인, 이론적인 [반의어] irrational
[rǽʃənl] 래셔늘

Children with parents whose guidance is firm, consistent, and rational are inclined to possess high levels of self-confidence.
지도가 확고하고 일관적이며 합리적인 부모를 가진 아이들은 높은 수준의 자신감을 소유하는 경향이 있다.

rationale 이론적 설명, 근거, 근본적 이유, 원리
[ræ̀ʃənǽl, -nɑ́ːl] 래셔낼

There is no convincing rationale for new U.S. tests.
미국의 새로운 실험을 뒷받침할 이론적 근거가 없다.

raw 생것의, 날것의, 가공하지 않은, 미숙한
[rɔː] 로

Prices of raw materials have gone up lately.
최근 원자재 가격이 인상되었습니다.

reach
[riːtʃ] 리치

~에 도착하다, ~에 이르다

\# We couldn't reach an agreement on salary.
우리는 연봉협상에 실패했어요.

react
[riːǽkt] 리액트

반작용하다, 반대하다, 반항하다, 역습하다, 반응하다

\# His sister is upset at how calmly he reacts to his father's end.
그의 누나는 그가 아버지의 죽음을 태연하게 받아들이는 것을 보고 속이 뒤집힌다.

reactor
[riːǽktər] 리액터

반응기, 원자로

\# U.S. says reactors at North Korea may face more delays.
미국은 북한의 원자로 건설이 더 지연될 수 있다고 말한다.

ready
[rédi] 레디

준비가 된, 가까이 있는

\# After breakfast, I got ready for work.
아침 식사 후, 출근 준비를 했다.

realistic
[rìːəlístik] 리얼리스틱

현실성 있는, 현실적인, 현실주의의, 사실주의의

\# Just think of how realistic video games will be.
비디오 게임이 얼마나 실감 날지 생각해 보세요.

reality 현실, 사실

[riːǽləti] 리앨러티

\# Face reality.
현실을 받아들여라.

reason 이유, 이성

[ríːzən] 리전

\# I don't like him without any specific reason.
나는 특별한 이유 없이 그가 싫다.

reasonable 타당한, 합리적인, 적당한

[ríːzənəbəl] 리저너벌

\# He's very reasonable when it comes to grading.
그 교수님은 성적에 관해서 상당히 합리적이십니다.

rear 기르다, 뒤의, 뒤쪽

[riər] 리어

\# A bunch of people thrust their way toward the rear exit.
한 무리의 사람들이 사람들을 막 밀치며 뒤편 출구로 나아갔다.

rebate 할인, 리베이트, 환불

[ríːbeit, ribéit] 리베잇

\# Mr. Kim, you owe us a rebate on those last items you shipped.
김 선생님, 귀사에서 보낸 지난번 그 제품들에 대해 저희가 환불받을 게 있습니다.

recall
[rikɔ́:l] 리콜

생각해 내다, 소환하다, 취소하다, 철회하다

\# With gratitude, we recall her unfailing kindness.
감사의 마음으로, 우리는 그녀의 끝없는 친절을 상기합니다.

recede
[risí:d] 리시드

물러나다, 퇴각하다, 철회하다

\# She had begun to recede into my memory.
그녀는 내 기억에서 멀어져 가기 시작했다.

receipt
[risí:t] 리시트

수령, 영수, 받음, 인수증, 영수증

\# They gave me refund after checking the receipt.
그들은 영수증을 확인하고 돈을 환불해 주었다.

\# As I asked for a refund, they asked me to show the receipt.
내가 환불을 요구하자, 그들은 영수증을 보여 달라고 했다.

receive
[risí:v] 리시브

받다

\# If I get A+, I will be able to receive a scholarship.
내가 에이플러스 학점을 받으면, 장학금을 받게 될 것이다.

recent
[rí:sənt] 리선트

최근의

\# Is that expression a recent coinage?
그 표현은 최근에 생긴 신조어입니까?

recession
[riséʃən] 리세션

퇴거, 후퇴, 들어간 곳, 불경기

This recession is killing me.
불경기 때문에 죽겠어.

recipient
[risípiənt] 리시피언트

받는 사람, 수령인

On international shipments, all duties and taxes are paid by the recipient.
국제간 운송에서 모든 관세와 세금은 수령인에 의해 지불된다.

recite
[risáit] 리사잇

암송하다, 이야기하다

He recited his complaints.
그는 불만을 하나씩 늘어놓았다.

reckon
[rékən] 레컨

세다, ~로 보다, 간주하다

Hire charges are reckoned from the date of delivery.
임대료는 배달일로부터 계산됩니다.

recognize
[rékəgnàiz] 레커그나이즈

알아보다, 인지하다, 표창하다, 승인하다

I hardly recognize you with those glasses.
안경을 쓰니 잘 못 알아보겠어요.

R

recommend 추천하다
[rèkəménd] 레커멘드

I want to recommend the book.
나는 그 책을 추천하고 싶다.

recommendation 권고, 추천, 추천장
[rèkəmendéiʃən] 레커멘데이션

We bought the car on Paul's recommendation.
우리는 폴의 추천으로 그 차를 샀다.

recover 되찾다, 복구되다, 회복하다
[rikʌ́vəːr] 리커버

I recovered myself quickly in the hospital.
나는 병원에서 빨리 회복되었다.

recovery 회복, 복구
[rikʌ́vəri] 리커버리

I trust that you are feeling better, and send
you my best wishes for a speedy recovery.
귀하가 점점 쾌차하고 있기를 바라며, 빠른 회복을 진심으로
빕니다.

recycle 재활용하다, 재사용하다
[riːsáikəl] 리사이클

The easiest things to recycle are probably
glass and paper.
재활용하기에 가장 쉬운 물품은 유리와 종이이다.

reduce

[ridjú:s] 리듀스

줄이다, 축소하다

\# I think the price is a little high, can't you reduce it?

제 생각에 가격이 조금 높은데, 가격을 좀 낮춰 주실 수 없나요?

refer

[rifə́:r] 리퍼

조회하다, 참고로 하다, 언급하다, 주의를 돌리다

\# When I don't know how to express myself in English, I often refer to the dictionary.

나는 영어로 하는 표현 방법을 모를 땐, 종종 영어 사전을 참조한다.

R

reference

[réfərəns] 레퍼런스

문의, 조회, 참고, 추천서, 언급

\# Also enclosed is a copy of our standard ordering form for your reference.

참고할 수 있도록 저희 회사의 표준 주문 서식도 동봉합니다.

reform

[rifɔ́:rm] 리폼

개혁하다, 개혁

\# We will not discuss reforms until the insurgent troops have returned to their homes.

우리는 폭도들이 자기 나라로 되돌아갈 때까지 개혁에 대해 논의하지 않을 것이다.

refraction 굴절
[rifrǽkʃən] 리프랙션

A stick held in the water will appear to bend,
showing refraction of light.
물속에 들어 있는 막대기는 구부러진 것처럼 보이는데,
이것은 빛의 굴절을 보여 준다.

refresh 상쾌하게 하다
[rifréʃ] 리프레시

There was a refreshing breeze.
상쾌한 바람이 불었다.

refuge 피난, 피난처, 은신처
[réfju:dʒ] 레퓨지

Seminary life is no refuge from the world.
신학교 생활이 세상의 은신처가 되지는 못한다.

refund 환불, 환불금, 환불하다
[rífʌnd] 리펀드

I wanted to get a refund.
물건값을 환불받고 싶었다.

refuse 거절하다, 거부하다
[rifjú:z] 리퓨즈

She didn't have the courage to refuse.
그녀는 거절할 용기가 없었다.

refute
[rifjúːt] 리퓨트

반박하다, ~에 이의를 제기하다

The opposition party refuted the remarks made by the ruling party spokesman.
야당은 여당 대변인의 발언을 반박했습니다.

regain
[rigéin] 리게인

되찾다, 회복하다

You can never regain their respect and esteem.
그들의 존경과 좋은 평판을 다시 얻을 수가 없다.

regard
[rigáːrd] 리가드

~을 ~으로 여기다, ~에 대해

He's widely regarded as one of our best young writers.
그는 우리의 가장 우수한 젊은 작가들 중 한 명으로 널리 인정받는다.

region
[ríːdʒən] 리전

지역, 분야

This region is a wildlife sanctuary.
이 지역은 야생생물 보호 구역이다.

regional
[ríːdʒnəl] 리즈널

지방의, 지역적인

He got rid of regional prejudice.
그는 지역감정을 제거했다.

regret
[rigrét] 리그렛

후회하다, 유감으로 생각하다

I regret to have done such a thing.
내가 그런 일을 한 것이 후회된다.

regretfully
[rigrétfəli] 리그렛펄리

유감으로 생각하는, 유감스럽게도

He shook his head regretfully.
그가 유감스러운 듯 고개를 저었다.

regular
[régjələːr] 레기얼러

규칙적인, 보통의, 일상의 [반의어] irregular

If you really want to get into shape, you'd better do regular exercise instead of going on a diet.
몸을 건강하게 하기를 원한다면, 다이어트 하는 대신에 규칙적으로 운동하는 게 더 낫습니다.

regulation
[règjəléiʃən] 레기얼레이션

규칙, 규정, 법규, 조례

He adheres too closely to the regulations.
그는 너무 고지식하게 규칙에 집착한다.

reinforce
[rìːinfɔ́ːrs] 리인포스

강화하다, 보강하다

My experience on my summer job has reinforced many of the lessons I learned in the classroom.
여름방학 일자리에서 얻은 경험이 교실에서 배운 많은 것들을 보강했다.

reject
[ridʒékt] 리젝트

거절하다, 거부하다

This scheme is so diabolical that I must reject it.
이 계략은 너무도 금찍해서 나는 그것을 거부하지 않을 수 없다.

rejoin
[riːdʒɔ́in] 리조인

다시 합류하다, 재가입하다

He rejoined his regiment after a few days leave.
며칠간의 휴가 후에 그는 연대에 복귀했다.

R

relate
[riléit] 릴레잇

관계시키다, 관련시키다

These terms constitute a special policy consideration based on careful study of your market and other related factors.
이 조건들은 귀국의 시장 상황과 그 외의 관련 요인을 충분히 고려한 후 결정되었습니다.

relatively
[rélətivli] 렐러티블리

비교적, ~에 비교하여

The province is relatively rich in mineral resources.
그 지방은 광물 자원이 비교적 풍부하다.

relax
[rilǽks] 릴랙스

긴장을 풀다

Please sit back, relax, and enjoy the flight.
자리에 편히 앉아서 여행을 즐기십시오.

relay
[ríːlei] 릴레이

전달하다, 중계하다, 릴레이 경주, 계주

The 800-meter relay was most exciting.
800미터 릴레이 경기가 가장 흥미로웠다.

release
[rilíːs] 릴리스

풀어 주다, 방출하다, 공개하다, 석방, 출시

They agreed to release her after her company paid the ransom.
그들은 그녀가 다니는 회사가 몸값을 지불한 후 그녀를 풀어 주겠다고 동의했다.

relevant
[réləvənt] 렐러번트

관련된, 적절한, 타당한

What you are saying is not relevant to the matter we are discussing.
당신이 말하고 있는 것은 우리가 토의하는 안건과 관계가 없습니다.

reliable
[riláiəbəl] 릴라이어벌

의지가 되는, 신뢰성 있는

If you would suggest a reliable firm or company for us to do business with, we would be deeply indebted.
당사와 거래할 만한 신뢰성 있는 회사를 제안해 주시면, 정말 고맙겠습니다.

reliance
[riláiəns] 릴라이언스

믿음, 의지, 신뢰

\# He is now on his own, growing rapidly in self-reliance and experience.
그는 이제 혼자의 힘으로 일을 할 수 있게 되었고, 자립과 경험을 급속히 키운다.

relieve
[rilíːv] 릴리브

경감하다, 덜다, 구원하다, 해임하다

\# I need some medicine to relieve my pain.
고통을 경감시켜 줄 약이 필요했다.

religious
[rilídʒəs] 릴리저스

종교의, 종교적인, 신앙심이 깊은

\# She spoke in defense of her religious beliefs.
그녀는 자신의 종교적 신념을 변론했다.

remain
[riméin] 리메인

남다, 남아 있다, 머무르다, 체류하다

\# The author wishes to remain anonymous.
그 작가는 계속 익명으로 남아 있기를 원한다.

remark
[rimɑ́ːrk] 리마크

~에 주목하다, ~을 알아차리다, 말하다, 의견, 말

\# Forgive my rude remarks.
저의 거친 언사를 용서해 주십시오.

remarkable
주목할 만한, 현저한

[rimά:rkəbəl] 리마커벌

Our country achieved a remarkable development in science.
우리나라는 과학에서 현저한 발전을 이룩하였다.

remedy
치료, 구제책

[rémədi] 레머디

The bungling remedy is worse than the disease.
서투른 치료는 병보다 더 나쁘다.

remember
기억하다, 기념하다, ~로부터 안부를 전하다

[rimémbər] 리멤버

That teacher is the one I remember most.
그 선생님이야말로 가장 기억에 남는 분입니다.

remind
~에게 생각나게 하다

[rimáind] 리마인드

You remind me of my brother.
너를 보면 내 동생이 생각난다.

remission
용서, 사면, 감면, 완화, 차도

[rimíʃən] 리미션

The drug produced dramatic remissions in some patients.
그 약은 일부 환자들에게 극적인 통증 완화를 가져왔다.

remit
[rimít] 리밋

송금하다, 조회하다, 누그러지다

\# I want to remit ten thousand dollars to Korea.
한국에 만 달러를 송금하고 싶습니다.

remote
[rimóut] 리모웃

먼, 원격

\# This computer can be accessed by a remote administrator to help in troubleshooting.
문제 해결을 위하여 원격 관리자가 이 컴퓨터에 액세스할 수 있습니다.

remove
[rimú:v] 리무브

~을 제거하다

\# I had to remove plaque on my teeth.
치석을 제거해야 했다.

remuneration
[rimjù:nəréiʃən] 리뮤너레이션

보수, 보상, 급료, 봉급

\# They demanded adequate remuneration for their work.
그들은 자신들의 일에 대한 적합한 보수를 요구했다.

render
[réndər] 렌더

만들다, 납부하다, 제공하다

\# He rendered considerable services as Minister of Education.
그는 교육부 장관으로서 상당한 서비스 체계를 만들었다.

R

renewal
[rinjú:əl] 리뉴얼

새롭게 하기, 부활, 재생, 갱신

Some licences need yearly renewal.
어떤 면허들은 해마다 갱신을 해야 한다.

rent
[rent] 렌트

임차하다, 빌리다, 임대하다, 빌려주다, 세놓다

We are interested in leasing a word processor and would like to know if you rent them.
당사는 워드프로세서를 임차하는 데 관심이 있으며 귀사가 대여해 주실 수 있는지 알고 싶습니다.

repair
[ripέə:r] 리페어

수리하다, 정정하다

I had the phone repaired.
내 전화기를 수리했다.

repeal
[ripí:l] 리필

무효로 하다, 폐지하다, 철회하다

They tried to repeal the antiquated law.
그들은 그 낡은 법을 폐지하려고 했다.

repel
[ripél] 리펠

쫓아내다, 반박하다, 퇴짜 놓다, 밀어내다

North magnetic poles repel each other.
자석의 북극끼리는 서로 밀어낸다.

repent
[ripént] 리펜트

후회하다, 유감으로 생각하다

\# He soon repented his actions.
그는 곧 자신의 행동을 뉘우쳤다.

repetitive
[ripétətiv] 리페터티브

되풀이하는, 반복성의

\# Ergonomics plays a major role in reducing or eliminating repetitive stress injuries.
인간 공학은 반복 작업으로 인한 스트레스성 상해를 줄이거나 없애는 데 중요한 역할을 합니다.

replace
[ripléis] 리플레이스

제자리에 놓다, 되돌리다, 대신하다, 바꾸어 놓다

\# Would you like me to replace it with a cold one?
시원한 것으로 바꿔 드릴까요?

reply
[riplái] 리플라이

대답하다

\# I am looking forward to receiving my keypal's reply.
이 메일을 주고받는 친구의 답장을 고대하고 있다.

report
[ripɔ́ːrt] 리포트

보고하다, 보도하다, 기록하다, 성적표

\# I didn't show my report card to my parents.
나는 성적표를 부모님께 보여 드리지 않았다.

R

represent
[rèprizént] 레프리젠트
묘사하다, 그리다, 상상하다, 말하다, 대표하다

\# He represented himself as an expert.
그는 자신을 전문가로 묘사했다.

representative
[rèprizéntətiv] 레프리젠터티브
대표하는, 대표, 대표자, 대리인, 대의원

\# What is the most representative musical
instrument of Korea?
한국의 대표적인 악기는 무엇입니까?

reprimand
[réprəmæ̀nd, -mɑ̀ːnd] 레프러맨드
징계, 비난, 질책

\# Mr. President reprimanded for a long time
that my hair is too long.
사장님이 내 머리가 너무 길다고 한참 동안이나 꾸중을
하시더군.

reproach
[ripróutʃ] 리프로우치
비난, 질책

\# She is quick to reproach anyone who doesn't
live up to her own high standards.
그녀는 자신의 높은 수준에 맞추지 못하는 사람은 바로
비난한다.

reputation
[rèpjətéiʃən] 레피어테이션
평판, 명성

\# They are enjoying a good reputation in
the business circles for their punctuallity in
meeting obligations.
그 회사는 채무이행을 엄수한다는 점에서 관계 업계로부터
호평을 받고 있습니다.

repute
[ripjú:t] 리퓨트

평판, ~이라고 평하다

\# He is reputed as the best surgeon in Paris.
그는 파리에서 가장 훌륭한 외과 의사로 여겨진다.

request
[rikwést] 리퀘스트

요구하다, 청하다, 원하다

\# We are prepared to provide the necessary confidentiality guarantees upon request.
요청에 따라 필요한 기밀 조처를 제공할 준비가 되어 있습니다.

require
[rikwáiə:r] 리콰이어

요구하다, 필요로 하다

\# Getting visas requires lots of red tape.
비자를 받으려면 번잡한 수속이 필요하다.

rescue
[réskju:] 레스큐

구조, 구조하다

\# The government sent more rescue parties to the stricken area.
정부는 재해 지역에 구조대를 더 보냈다.

research
[risə́:rtʃ, rí:sə:rtʃ] 리서치

연구, 조사

\# The homework is to research about the environment pollution.
숙제는 환경오염에 대해 조사하는 것이다.

resent ~에 분개하다
[rizént] 리젠트

I regard your remarks as impertinent and I resent them.
나는 당신의 발언이 건방지다고 여기기 때문에 그것에 대해 분개한다.

reservation 보류, 제한, 예약
[rèzəːrvéiʃən] 레저베이션

It's a good thing we made reservations.
우리가 예약하길 잘한 것 같습니다.

reserve 떼어두다, 비축하다, ~을 예약하다
[rizə́ːrv] 리저브

I reserved a table at a restaurant.
식당에 좌석을 예약했다.

residence 주거, 주택, 저택
[rézidəns] 레지던스

Isn't this the Taylor residence?
거기 테일러 씨 댁 아닙니까?

resident 거주하는
[rézidənt] 레지던트

In Korea, at what age is one issued a resident ID card?
한국에서는, 몇 살이 되면 주민등록증을 발급받습니까?

resign
[rizáin] 리자인

사임하다, 사퇴하다, 물러나다

The minister was obliged to resign from the Cabinet.
그 장관은 내각에서 부득이하게 사퇴하지 않을 수 없었다.

resignation
[rèzignéiʃən] 레지그네이션

사직, 사임, 사표, 포기, 단념

The minister refused to comment on the rumors of his resignation.
그 장관은 자신의 사임과 관련된 소문에 대하여 언급하기를 거부했다.

resin
[rézin] 레진

수지, 합성수지, 송진

In contrast to natural resins, synthetic resins are products of the laboratory.
천연수지와는 대조적으로, 합성수지는 실험실의 산물이다.

resistance
[rizístəns] 리지스턴스

저항, 반대

The idea met with some resistance.
그 생각은 약간의 반대에 부딪혔다.

resolve
[rizálv] 리잘브

용해하다, 분해하다, 해결하다, 결정하다, 소멸하다

Water may be resolved into oxygen and hydrogen.
물은 산소와 수소로 분해할 수 있다.

During my last few years, I had a problem that was difficult to resolve.
지난 몇 년 동안 풀기 어려운 고민거리가 하나 있었다.

resort
[rizɔ́ːrt] 리조트

휴양지, 의지

Every summer our family goes to a resort.
매년 여름이면 우리 가족은 휴양지로 간다.

resource
[ríːsɔːrs] 리소스

자원, 물자

The country is abundant in natural resources.
그 나라는 천연자원이 풍부하다.

respect
[rispékt] 리스펙트

존경, 정중, 존경하다, 존중하다

It's natural that we should respect our elders.
우리가 어른을 공경해야 하는 것을 당연하게 생각한다.

respective
[rispéktiv] 리스펙티브

각각의, 각자의

He drove them to their respective homes.
그는 그들을 각자의 집까지 태워다 주었다.

respiration
[rèspəréiʃən] 레스퍼레이션

호흡

When a person who has fallen in the water is rescued, do you know how to carry out artificial respiration?
물에 빠진 사람을 구했을 때, 인공호흡을 어떻게 하는지 알아요?

respond

대응하다, 응답하다, 대답하다

[rispánd] 리스판드

I'm responding to your letter.
당신의 편지를 받고 전화를 거는 겁니다.

responsibility **책임, 의무**

[rispánsəbíləti] 리스판서빌러티

Don't shirk your responsibilities.
남에게 책임을 전가하지 마.

responsible **책임 있는**

[rispánsəbəl, -spón-] 리스판서벌

He affirmed that he was responsible.
그는 자신에게 책임이 있다고 주장했다.

rest

쉬다, 기대다, 휴식, 나머지

[rest] 레스트

I'm just having a rest.
그냥 쉬고 있어요.

restore

복구하다, 회복시키다

[ristɔ́:r] 리스토어

The military government promised to restore democracy.
군사 정부는 민주주의를 복구하겠다고 약속했다.

restrain
[ristréin] 리스트레인

제지하다, 억제하다, 누르다

I had to restrain myself from saying
something rude.
나는 무례하게 말하는 습관을 자제해야만 했다.

restrict
[ristríkt] 리스트릭트

제한하다, 한정하다, 금지하다

This is a restricted area.
여긴 금지 구역입니다.

restriction
[ristríkʃən] 리스트릭션

제한, 한정

With restrictions removed, thousands of new
enterprises have come into being.
제한 규정들이 철폐되자, 수많은 새로운 기업들이 생겨났다.

resume
[rizúːm, -zjúːm] 리줌

다시 시작하다, 재개하다 [참고] résumé 이력서

[rézəmei] 레저메이

I resumed my career after an interval of ten
years.
나는 10년 만에 활동을 재개했다.

Turn in your résumé in duplicate.
이력서를 두 통 내십시오.

retail
[ríːteil] 리테일

소매하다

The firm manufactures and retails its own
range of exclusive clothing.
그 상점에서는 고급 의류를 직접 제조해서 소매로 판매한다.

retain

[ritéin] 리테인

유지하다, 보유하다

As professor emeritus, he retained all his honors.
명예 교수로서, 그는 모든 영예를 유지했다.

retire

[ritáiə:r] 리타이어

물러가다, 자리에 들다, 은퇴하다, 퇴직하다

My grandfather retired at the age of 65.
할아버지는 65세에 퇴직하셨다.

retirement 은퇴

[ritáiə:rmənt] 리타이어먼트

It is not long till his retirement.
그는 은퇴할 날이 머지않았다.

R

reveal

[rivíːl] 리빌

드러내다, 누설하다

Research revealed him to be a bad man.
조사 결과 그는 나쁜 사람임이 드러났다.

revenue

[révənjùː] 레버뉴

소득, 수익, 고정 수입, 국세청

Thrift is a great revenue.
절약이 최대의 수입이다.

revered
[rivíə:r] 리비어

존경하다, 숭배하다

The professor was revered for his immense learning.
그 교수는 방대한 학식을 지녀서 존경을 받았다.

reverse
[rivə́:rs] 리버스

반대의, 거꾸로의

The order of these two words here in the second sentence should be reversed.
두 번째 문장에서 이 두 단어의 위치가 바뀌어야 합니다.

revert
[rivə́:rt] 리버트

되돌아가다

People are reverting to a simpler view of nature.
사람들은 보다 소박한 자연경관을 다시 찾고 있다.

review
[rivjú:] 리뷰

재조사, 재검토, 복습, 평판

The play is getting fantastic reviews.
그 연극은 평판이 아주 좋다.

revise
[riváiz] 리바이즈

개정하다, 교정하다, 바꾸다

Enclosed is a revised copy of the contract you sent back on August 6.
8월 6일 반송하신 계약서의 수정본을 동봉합니다.

revision

[rivíʒən] 리비전

개정, 수정

Our budget needs drastic revision.
우리의 예산안은 대대적인 수정이 필요하다.

revoke

[rivóuk] 리보욱

철회하다, 폐지하다, 취소하다

What does it take to have your license revoked?
어떻게 하면 운전면허가 취소됩니까?

revolt

[rivóult] 리보울트

반란, 폭동, 반항적인 태도, 혐오감, 불쾌, 반감

He led a revolt against slavery in Virginia in 1831.
그는 1831년에 버지니아주에서 노예제도에 반대하는 반란을 주도했다.

revolution

[rèvəlúːʃən] 레벌루션

혁명, 변혁, 회전, 공전

I pray every single day for revolution.
전 매일 큰 변화가 일어나기를 기도합니다.

revolve

[riválv] 리발브

회전하다, 돌다

The earth revolves round the sun.
지구는 태양 주위를 돈다.

R

reward
[riwɔ́:rd] 리워드

포상, 현상금, 보답, 응보

It's gratifying to see one's efforts rewarded.
노력에 대한 보상을 받는 것은 즐거운 일이다.

ride
[raid] 라이드

타다, 승마하다

I like to ride subways.
나는 지하철 타는 것을 좋아한다.

rig
[rig] 리그

장비, 장치, 용구 한 벌, 조작하다

He claimed that the election had been rigged.
그는 선거가 조작된 것이라고 주장했다.

rigid
[rídʒid] 리지드

굳은, 단단한, 완고한, 엄격한

It goes without saying that military discipline is literally rigid.
군대 규율이 글자 그대로 엄격한 것은 말할 것도 없다.

rightist
[ráitist] 라이티스트

우익의, 우파인 사람

He is an ultra-rightist.
그는 극우주의자이다.

ring
[riŋ] 링

고리, 반지, 원형, 경기장

Stop eyeing my ring.
내 반지에 눈독 들이지 말아요.

rise
[raiz] 라이즈

일어나다, 올라가다

Heat at the equator causes the air to expand, rise, and flow toward the poles.
적도의 열은 공기를 팽창하고, 상승하고, 극지방을 향해 흐르게 한다.

risk
[risk] 리스크

위험, 모험

A mutual fund spreads risk of loss over a number of stocks, thus reducing the risk to the individual investor.
그래서 뮤추얼 펀드는 여러 주식에 투자하여 위험률을 분산시킴으로써, 각 투자자에게 돌아갈 위험 부담을 덜어 줍니다.

rival
[ráivəl] 라이벌

경쟁자, 필적할 사람

The two rivals were constantly trying to outdo each other.
두 라이벌은 끊임없이 서로를 이기려고 했다.

rob
[rɑb, rɔb] 랍

~에서 훔치다, ~에게서 강탈하다, 약탈하다

\# I was robbed of my wallet on the subway.
지하철에서 지갑을 도난당했습니다.

rock
[rɑk, rɔk] 락

바위, 암석, 흔들다

\# I didn't rock the boat.
나는 풍파를 일으키지 않았어요.

role
[roul] 로울

배역, 역할, 임무

\# He plays the lead role in it, besides directing the movie.
그가 그 영화의 주연이자, 감독이에요.

room
[ru:m] 룸

방, 공간, 여지

\# This room is very cozy.
방 분위기가 매우 아늑하네요.

rotate
[róuteit] 로우테잇

회전하다, 교대하다, 순환하다

\# The post of chairman rotates among members of the committee.
위원회의 구성원들이 교대로 위원장을 맡는다.

rough
[rʌf] 러프

거친, 험한, 서투른, 가공되지 않은, 세련되지 않은

\# I have a rough skin.
난 피부가 거칠다.

route
[ruːt, raut] 루트

도로, 길, 통로, 수단, 방법, 보내다

\# The bill you enclosed has been routed to our accounting department for payment.
보낸 청구서는 경리부로 넘겨 지불토록 조치하였습니다.

routine
[ruːtíːn] 루틴

판에 박힌 일, 일상

\# I am tired of the same routines of the school.
나는 학교의 틀에 박힌 일과가 지겹다.

row
[rou] 로우

열, 줄, 횡렬, (노를) 젓다

\# Anxious to make a good impression, I sat in the front row by myself.
좋은 인상을 주길 바라며, 혼자서 맨 앞줄에 앉았다.

rude
[ruːd] 루드

버릇없는, 무례한

\# I was really unpleasant because of his rude behavior.
그의 무례한 행동으로 매우 기분이 나빴다.

R

rugged

[rʌ́gid] 러기드

울퉁불퉁한, 거친

#This rugged road takes you to the village.
이 울퉁불퉁한 길을 따라가면 그 마을이 나옵니다.

ruin

[rúːin] 루인

파멸, 파산, 폐허, 망치다

#The crops was ruined by the storm.
폭풍우 때문에 농작물을 망쳤다.

rural

[rúərəl] 루어럴

시골의, 지방의

#My grandparents preferred rural life rather than urban life.
나의 조부모님은 도시 생활보다 시골 생활을 더 좋아하신다.

1. 자기 자신을 가장 잘 비판할 수 있는 작가는 **드물다**.

It is a _____ writer who is his own best critic.

2. 그 교수님은 성적에 관해서 상당히 **합리적**이십니다.

He's very _____ when it comes to grading.

3. 나는 그 책을 **추천하고** 싶다.

I want to _____ the book.

4. 내 전화기를 **수리했다**.

I had the phone _____.

5. 그 생각은 약간의 **반대**에 부딪혔다.

The idea met with some _____.

6. 여긴 **금지** 구역입니다.

This is a _____ area.

7. 나는 지하철 **타는** 것을 좋아한다.

I like to _____ subways.

8. 그의 **무례한** 행동으로 매우 기분이 나빴다.

I was really unpleasant because of his _____ behavior.

1. rare **2.** reasonable **3.** recommend **4.** repaired
5. resistance **6.** restricted **7.** ride **8.** rude

sake
[seik] 세익

위함, 이익

This is for the sake of national security.
이것은 국가 안보를 위한 것입니다.

sale
[seil] 세일

판매

There aren't many products for sale.
판매용 상품이 많지 않다.

sample
[sǽmpl] 샘플

견본

We would appreciate it if you would send us samples together with your quotation.
견적과 함께 견본을 보내 주시면 감사하겠습니다.

sand
[sænd] 샌드

모래, 용기, 근성

Write injury in the sand and benefit in marble.
손해는 모래에 써 놓되 은혜는 대리석에 써 놓아라.

sarcastic
[sɑːrkǽstik] 사캐스틱

빈정거리는, 비꼬는, 풍자의, 신랄한

\# Do not let him nettle you with his sarcastic remarks.
그가 빈정대는 말로 당신을 신경질 나게 하지 못하도록 해라.

satellite
[sǽtəlàit] 새털라잇

인공위성

\# For the first time, a satellite was launched into orbit.
처음으로, 인공위성이 궤도를 향해 발사되었다.

satisfy
[sǽtisfài] 새티스파이

만족시키다, 변제하다

\# My mom isn't satisfied with my behavior.
엄마는 나의 행동에 만족해하시지 않는다.

save
[seiv] 세이브

구하다, 저축하다, 절약하다

\# We should save up for a rainy day.
어려운 날을 대비하여 저축을 해야 한다.

scale
[skeil] 스케일

눈금, 규모

\# My mom was surprised when she read the scale of a thermometer.
엄마가 체온계의 눈금을 보면서 놀라셨다.

scenario

[sinɛ́əriòu, -nɑ́ːr-] 시네리오우

시나리오, 각본

\# He's not aware of the scenario.
그는 그 시나리오를 알지 못합니다.

scene

[siːn] 신

현장, 장면, 광경, 경치

\# The play was shortened by the omission of two scenes.
그 연극은 두 장면의 생략으로 단축되었다.

scenery

[síːnəri] 시너리

무대 장면, 배경, 풍경, 경치

\# The beauty of the scenery there was beyond description
그곳의 풍경은 말로 표현할 수 없이 아름다웠다.

schedule

[skédʒu(ː)l] 스케줄

시간표, 일정

\# This is the schedule for tomorrow.
이것이 내일 일정표입니다.

scheme

[skiːm] 스킴

계획, 개요, 조직, 일람표, 도표, 도식

\# His realism caused him to dislike fanciful schemes.
그는 자신의 현실주의 때문에 공상적인 계획을 싫어했다.

S

scoreboard 득점 게시판

[skɔ́:rbɔ̀:rd] 스코보드

The scoreboard is out of order.
득점 게시판이 고장이다.

scrap 작은 조각, 찌꺼기

[skræp] 스크랩

Write you phone number on this scrap of paper.
이 종이 조각에 전화번호를 적으시오.

scrape 문지르다, 긁다

[skreip] 스크레입

First you should dry the mud and then scrape it off.
우선 흙을 말린 다음 긁어서 떨어내야 돼.

scream 소리치다, 날카로운 비명을 지르다

[skri:m] 스크림

Shots rang out, and people started screaming.
총성이 울려 퍼지자, 사람들은 비명을 지르기 시작했다.

scrutinize 철저히 조사하다, 자세히 바라보다

[skrú:tənàiz] 스크루터나이즈

He scrutinized minutely all the documents relating to the trial.
그는 그 재판에 관련된 모든 서류를 끊임없이 세밀히 조사했다.

scuff
[skʌf] 스커프

흠을 내다, 질질 끌며 걷다, 질질 끄는 걸음, 슬리퍼

He changed into scuffs.
그는 슬리퍼로 바꿔 신었다.

seafood
[síːfùːd] 시푸드

해산물

We are going to a seafood restaurant on the beach.
우리는 해변가에 있는 해산물 레스토랑에 갈 거야.

seal
[siːl] 실

봉인, 도장, 직인, 물개, ~에 날인하다

He affixed a seal to the contract.
계약서에 그는 도장을 찍었다.

sealed
[siːld] 실드

도장을 찍은, 조인한, 봉인한

Please put them in here and seal.
그것들을 이곳에 넣고 봉해 주십시오.

search
[səːrtʃ] 서치

찾다

An intensive search failed to reveal any clues.
철저한 수색에도 불구하고 아무런 단서를 찾지 못했다.

seat
[siːt] 시트

자리, 좌석, 소재지, 있는 곳, 위치

The box will do for a seat.
그 상자는 의자로 써도 좋다.

S

secondary 이차의, 부차적인, 보조의, 중등교육의
[sékəndèri, -dəri] 세컨데리

The cost is of secondary importance.
비용 문제는 그리 중요하지 않다.

secret 비밀
[síːkrit] 시크릿

I got into the secret.
나는 그 비밀을 알았어요.

secretary 비서, 서기, 사무관, 장관
[sékrətèri, -tri] 세크러테리

We'll have to look for a new secretary.
새 비서를 찾아야만 하겠네.

section 분할, 구획, 당, 파, 부, 악절, 항
[sékʃən] 섹션

Which would you like, the smoking or the nonsmoking section?
흡연석과 금연석 중, 어느 것을 원하세요?

secure 안전한, 보증된, 확실한, 획득하다
[sikjúəːr] 시큐어

I've got a secure job.
나는 확실한 직장을 잡았다.

security

[sikjúəriti] 시큐어리티

안전, 안심, 보안, 유가 증권, 담보

\# The money I've saved is my security against bad times in the future.

내가 저축한 돈은 장래의 힘든 시기에 대한 담보이다.

seed

[si:d] 시드

씨앗

\# Bad seed must produce bad corn.

나쁜 씨에서는 반드시 나쁜 열매가 맺게 마련이다.

seek

[si:k] 시크

찾다, 구하다, 추구하다

\# He is always seeking for power.

그는 항상 권력을 추구하고 있다.

seize

[si:z] 시즈

붙잡다, 체포하다

\# She seized me by the wrist.

그녀가 내 손목을 움켜잡았다.

seizure

[sí:ʒər] 시저

붙잡기, 압류, 압수, 강탈, 점령, 발작

\# He died of a heart seizure.

그는 심장 발작으로 사망했다.

select
[silékt] 실렉트

선택하다, 발췌하다, 뽑다

\# He was selected out of a great number of applicants.
그는 많은 응모자 중에서 뽑혔다.

semiconductor
[sèmikəndʌ́ktər, sèmai-] 세미컨덕터

반도체

\# I think the proposed move of the semiconductor factory is too risky.
반도체 공장을 이전하는 계획은 너무 위험하다고 봅니다.

senator
[sénətər] 세너터

상원 의원, 이사

\# The senator's advocacy of the bill speeded its passage.
상원의원이 법안을 지지하자 법안 통과가 빨랐다.

sensational
[senséiʃənəl] 센세이셔널

선풍적인, 세상을 놀라게 하는, 매우 훌륭한

\# The views from the top are sensational.
정상에서의 광경은 너무나 멋있다.

sensible
[sénsəbəl] 센서벌

분별 있는

\# Paul hardly says anything sensible.
폴은 분별 있는 말을 거의 할 줄 모른다.

sensitive 민감한

[sénsətiv] 센서티브

\# He is a little sensitive right now.
그는 지금 신경이 곤두서 있어요.

sensory 지각의, 감각의

[sénsəri] 센서리

\# But the blind salamander has other highly developed sensory organs.
하지만 장님도롱뇽은 다른 감각기관이 매우 발달되어 있습니다.

sensual 관능적인

[sénʃuəl] 센슈얼

S

\# He was darkly sensual and mysterious.
그는 은근히 관능적이고 신비로웠다.

separate 분리하다, 식별하다, 구별하다, 끊어지다

[sépərèit] 세퍼레잇

\# My parents are separated.
우리 부모는 별거 중이다.

session 개회 중, 회기, 학기

[séʃən] 세션

\# The opposition party did us damage by boycotting the special session.
야당이 특별 회기를 보이콧하는 바람에 우리에게 피해를 입혔다.

set
[set] 셋

두다, 놓다, 지정하다, 고정하다, 배치하다

\# I set the alarm clock.
자명종 시계를 맞추어 놓았다.

setback
[sétbæ`k] 셋백

방해, 좌절, 차질, 역류, 실패, 문제

\# I had a minor setback.
제게 작은 문제가 생겼습니다.

settle
[sétl] 세틀

놓다, 두다, 안정시키다, 정착하다, 결정하다

\# Dust had settled on everything.
먼지가 모든 곳에 앉아 있었다.

severe
[sivíə:r] 시비어

심한, 호된

\# I felt a severe pain.
통증이 심했다.

shake
[ʃeik] 셰익

떨다, 흔들다

\# I will correct the bad habit of shaking my leg.
다리를 떠는 나쁜 습관을 고쳐야겠다.

shallow
[ʃǽlou] 섈로우

얕은

\# You should swim in shallow water.
물이 얕은 곳에서 헤엄쳐라.

shame
[ʃeim] 셰임

부끄럼, 창피, 수치심, 치욕

Her cheeks went red as a rose with shame.
그녀의 두 뺨은 부끄러운 나머지 장미처럼 빨개졌어요.

shape
[ʃeip] 셰입

모양, 형상, 체형, 몸매

I joined signed up for the fitness club so as to get into shape.
몸매를 가꾸기 위해 헬스클럽에 등록했다.

share
[ʃɛə:r] 셰어

몫, 배당, 분배하다, 주식, 공유하다

I shared my umbrella with my friend.
친구와 우산을 나누어 썼다.

shareholder
[ʃɛ́ərhòuldə:r] 셰어호울더

주주

The acquisition is expected to close by the end of the year and is subject to shareholder approval.
이번 인수는 연말까지 인수 일정이 끝날 것으로 예상되며 주주들의 동의를 얻어야 한다.

sharp
[ʃɑːrp] 샤프

날카로운, 가파른, 격심한, 영리한

He is known for his razor-sharp wit.
그는 지극히 예리한 재치로 유명하다.

shatter
[ʃǽtəːr] 섀터

산산이 부수다

The explosion shattered near by windows and wrecked two cars.
폭발로 근처의 창문들은 박살이 났고 두 대의 차량이 파손되었다.

shave
[ʃeiv] 셰이브

면도하다, 면도

I've never shaved before.
난 한 번도 면도를 해 본 적이 없습니다.

sheet
[ʃiːt] 시트

시트, 얇은 판, 얇은 층, 한 장의 종이

Please refer to the attached sheet for details.
자세한 것은 별지를 참조해 주십시오.

shelf
[ʃelf] 셸프

선반, 책꽂이, 칸

Will you fix the shelf to the wall?
벽에 선반 좀 달아 줄래요?

shock
[ʃɑk] 샥

깜짝 놀라게 하다, 감전시키다, 충격을 주다, 충격

He's unconscious from shock.
그는 충격으로 의식을 잃었어요.

shoot
[ʃuːt] 슈트

쏘다, 사격, 발사, 촬영, 새싹

He who shoots often hits at last.
자꾸 쏘면 드디어는 맞는다.

shout
[ʃaut] 샤웃

큰 소리를 내다, 외치다

I shouted with an angry voice.
나는 화난 목소리로 소리를 질렀다.

shrimp
[ʃrimp] 슈림프

새우

I haven't had shrimp for ages.
새우 먹어 본 지가 오래되었습니다.

shrub
[ʃrʌb] 슈럽

키 작은 나무, 관목

The man is pruning a shrub.
남자가 관목 가지치기를 하고 있다.

shutdown
[ʃʌ́tdàun] 셧다운

일시 휴업, 폐점

"We want to make sure that plant shutdown is stopped immediately and the personnel orders are rescinded," a labor leader said.
"우리는 기필코 공장 폐쇄를 즉각 중단하고 인사 명령을 취소하도록 할 것이다"라고, 한 노조 지도자가 말했다.

shy 수줍어하는
[ʃai] 사이

\# According to my friends, I am a little quiet and shy.
친구 이야기에 따르면, 나는 좀 조용하고 수줍음을 잘 탄다고 한다.

sick 병의, 병에 걸린, 싫증 난, 역겨운
[sik] 식

\# I am too sick to get out of bed.
나는 너무 아파서 침대에서 일어설 수가 없어요.

sight 시각, 봄, 시야, 견해, 광경, 명소
[sait] 사잇

\# I was very confounded by the sight.
그 광경을 보고 매우 당황하였다.

sightseeing 관광, 구경
[sáitsì:iŋ] 사잇시잉

\# We will get on a sightseeing bus.
우리는 관광버스를 탈 것이다.

signal 신호, 신호를 보내다, 전조, 징후
[sígnəl] 시그널

\# He signaled me to stop talking.
그는 나에게 말을 중지하라고 신호했다.

significant 중요한, 상당한, 나타내는, 의미 있는
[signífikənt] 시그니피컨트

\# The plant expansion will allow for a
significant increase in production capability.
공장 확장이 생산 능력의 상당한 증가를 가져올 것이다.

similar 유사한, 비슷한
[símələːr] 시멀러

\# I and my friend are similar in character.
나와 내 친구는 성격이 비슷하다.

sincere 성실한, 진실한
[sinsíəːr] 신시어

\# I regret that I was not sincere.
성실하지 못했던 것이 후회된다.

S

single 하나의, 독신의, 외로운
[síŋgəl] 싱걸

\# A single leaf falling is a sign of autumn
coming.
낙엽 한 장이 가을이 온다는 것을 알린다.

sink 가라앉다
[siŋk] 싱크

\# Valleys many times deeper than the Grand
Canyon sink into the ocean floor.
그랜드 캐니언보다 수십 배나 더 깊은 계곡이 대양 바닥에
가라앉아 있다.

site
[sait] 사잇

위치, 장소, 용지, 유적

It will be good to visit the historical sites.
역사적인 유적을 가보는 것이 좋을 것이다.

situate
[sítʃuèit] 시추에잇

놓다, ~의 위치를 정하다

Practically all of the departments for
women's ready-to-wear apparel are situated
on the third floor.
실질적으로 모든 여성 기성복 매장은 3층에 위치해 있다.

situation
[sìtʃuéiʃən] 시추에이션

상황, 위치, 입장, 사태, 지위, 일, 일자리

It was a very difficult situation.
매우 어려운 상황이었다.

sizable
[sáizəbəl] 사이저벌

꽤 큰, 상당한 크기의

The American colonies had a sizable
merchant fleet before the Revolutionary War.
식민지 시대의 미국은 독립전쟁 이전에 큰 규모의 상선을
보유하고 있었다.

slam
[slæm] 슬램

탁 닫다, 쾅 놓다

He slammed the lid down.
그가 뚜껑을 탁 닫았다.

slang 속어
[slæŋ] 슬랭

He studied the slang of the local teenagers.
그는 그 지역 십대들의 속어를 연구했다.

sleeve 소매, 소맷자락
[sliːv] 슬리브

I worked hard, rolling up my sleeves.
나는 소매를 걷어붙이고 열심히 일했다.

slip 미끄러지다, 미끄러짐, 실수, 조각
[slip] 슬립

He made a slip of the tongue.
그는 말실수를 했다.

slot (갸름한) 구멍, 넣다, 투입하다
[slɑt, slɔt] 슬랏

I put 500 won into the slot of the automatic ticket vending machine and pushed the button.
자동판매기에 500원을 넣고 버튼을 눌렀다.

slowdown 감속, 경기 후퇴, 둔화, 태업
[slóudàun] 슬로우다운

Most merchants report a slowdown in sales for October, but confidently expect an upturn with the approach of Christmas.
대부분의 상인들은 10월의 판매 둔화를 보고하지만, 크리스마스가 다가옴에 따라 상승을 자신 있게 기대한다.

S

sluggish
[slʌ́giʃ] 슬러기시

게으른, 나태한, 부진한, 불경기의

#I'm feeling sluggish this morning.
오늘 아침 나는 몸이 무겁습니다.

smart
[smɑ́ːrt] 스마트

영리한, 현명한, 재치 있는

#I meant to say you are very smart.
제 의도는 당신이 똑똑하다고 이야기하려고 했어요.

smooth
[smuːð] 스무드

매끄러운, 부드러운, 순조로운

#The course of true love never did run smooth.
진정한 사랑의 과정은 결코 순탄하지 않다.

smuggle
[smʌ́gəl] 스머걸

밀수입하다

#He attempted to smuggle in jewels.
그는 보석을 밀수하려고 했다.

snack
[snæk] 스낵

간식, 가벼운 식사, 소량

#I had a few doughnuts for a snack.
나는 간식으로 도넛을 몇 개 먹었다.

snatch
[snætʃ] 스내치

움켜쥐다, 잡아채다, 강탈하다

\# Someone snatched my purse in broad daylight.
누군가가 대낮에 제 지갑을 잡아챘어요.

snuggle
[snʌ́gəl] 스너걸

파고들다, 달라붙다, 껴안다

\# The children snuggled up to their mother to get warm.
그 아이들은 추위를 피하기 위해 어머니에게 달라붙었다.

soak
[souk] 소욱

흠뻑 젖다, 담그다, 스며들다, 빨아들이다

\# I was soaking wet.
비에 흠뻑 젖었다.

soar
[sɔːr] 소어

높이 날다, 높이 오르다, 급등하다, 치솟다

\# Prices soared over night.
가격이 하룻밤 사이에 하늘 높이 치솟았다.

socks
[sɑks] 삭스

양말

\# The smelly socks turned me up.
고린내 나는 양말 때문에 속이 뒤집혔다.

S

soil
[sɔil] 소일

흙, 토양, 더럽히다

The soil had got too hard and it wouldn't drain properly.
토양이 너무 단단하여 물이 잘 통하지 않는다.

solar
[sóuləːr] 소울러

태양의, 태양에 관한

During a solar eclipse, the moon passes between the earth and the sun.
일식 동안, 달은 지구와 태양 사이를 지나간다.

solicit
[səlísit] 설리싯

간청하다, 졸라대다

He comes to us today to talk about this latest project and, quite rightly, to solicit our support.
그는 오늘 최신 프로젝트에 대해 설명하고, 우리의 지원을 부탁하러 왔습니다.

solicitor
[səlísətəːr] 설리서터

간청자, 상품 판촉원, 사무 변호사

If payment is not made within seven days, we will have no alternative but to place this matter in the hands of our solicitor.
7일 안에 지불이 안 되면, 우리는 이 문제를 사무변호사에게 맡기는 수밖에 없습니다.

solid
[sάlid, sɔ́l-] 살리드

고체의, 단단한

My muscle is solid.
나는 근육이 단단하다.

solitary
[sάlitèri] 살리테리

고독한, 혼자의, 쓸쓸한, 유일한

She goes for long, solitary walks.
그녀는 오랜 세월 동안, 혼자 걸어간다.

solitude
[sάlitjùːd] 살리튜드

고독, 독거, 외로움, 쓸쓸한 곳, 황야

He likes company and hates solitude.
그는 어울리기를 좋아하고 고독을 싫어한다.

S

solution
[səlúːʃən] 설루션

용해, 용액, 해결책, 정답

Anything you could do to expedite a solution would be very much appreciated.
해결책을 신속히 처리해 주시면 감사하겠습니다.

solve
[sɑlv, sɔlv] 살브

풀다, 해결하다

The problem deserves solving.
그 문제는 풀어볼 만한 가치가 있다.

sometime 언젠가
[sʌ́mtàim] 섬타임

Please stop by my house sometime.
저희 집에 한번 놀러 오세요.

sometimes 때때로
[sʌ́mtàimz, səmtáimz] 섬타임즈

Usually by subway, but sometimes by bus.
How about you?
보통 지하철을 타는데, 가끔 버스 타고 갈 때가 있어요.
당신은요?

sophisticate 복잡하게 하다, 정교하게 하다, 궤변을 부리다
[səfístəkèit] 서피스터케잇

Development in computer technology has
given the aerospace industry a sophisticated
extension of the automatic pilot used in
previous aircraft.
컴퓨터 기술의 발전은 이전 비행기에서 사용되던 자동
항법의 정교한 확장을 항공 산업에 가져다주었다.

sound 소리, 음향, 어감
[saund] 사운드

I heard the beeping sound of the alarm clock,
but couldn't get up.
자명종 시계 소리를 들었으나, 일어날 수 없었다.

soup 수프, 고깃국
[su:p] 수프

This soup is hitting the spot.
이 국 참 시원하네요.

souvenir   기념품
[sùːvəníəːr] 수버니어

I collect souvenirs from various places I have visited.
나는 내가 방문하는 여러 곳에서 기념품을 수집한다.

spa   광천, 온천, 휴양 시설, 스파
[spɑː] 스파

You should go to a spa or go shopping.
스파를 가든가 쇼핑을 하든가.

space   공간, 장소, 우주, (신문·잡지의) 지면
[speis] 스페이스

It is estimated that millions of galaxies exist in the vast space outside the Milky Way.
은하수 바깥의 거대한 우주 공간에 수백만의 은하계들이 존재한다는 것이 추정된다.

spacious   넓은
[spéiʃəs] 스페이셔스

Her living room was very spacious.
그녀의 거실은 매우 넓었다.

sparse   드문드문한, 희박한
[spɑːrs] 스파스

Information coming out of the disaster area is sparse.
재난 지역에서 나오는 정보는 매우 부족하다.

specification 상술, 열거, 명세서
[spèsəfikéiʃən] 스페서피케이션

> \# If possible, include detailed specifications and a list of users.
> 가능하면, 상세한 명세서와 사용자 명단을 포함해 주세요.

speculation 숙고, 추측, 투기
[spèkjəléiʃən] 스페키얼레이션

> \# Not satisfied with the slow but sure increment of his savings in a bank account, he turned to speculation in oil lands.
> 느리지만 착실하게 불어나는 은행예금에 만족하지 않고, 그는 유전에 투기를 했다.

spend 쓰다, 소비하다, 보내다
[spend] 스펜드

> \# I spent all my money on a cellular phone.
> 휴대폰 사는 데 돈을 다 써 버렸어요.

spider 거미
[spáidər] 스파이더

> \# Look! A spider is spinning a web.
> 이것 봐! 거미가 집을 짓고 있다.

spill 엎지르다, 흘뜨리다, (피를) 흘리다
[spil] 스필

> \# We shouldn't spill the beans to anyone.
> 비밀을 아무에게나 털어놓으면 안 된다.
>
> * spill the beans 모든 것을 털어놓다

spirit
[spírit] 스피릿

정신, 영혼, 기운

\# I played sports to get my spirits up.
기분 전환을 위해 운동을 했다.

split
[split] 스플릿

쪼개다, 찢다, 나누다, 분열

\# Let's split the bill.
각자 부담하도록 합시다.

spot
[spɑt] 스팟

반점, 점, 얼룩, 장소, 지점, 알아채다

\# I used some methods to get the spot out.
얼룩을 빼내려고 여러 방법을 사용했다.

S

spouse
[spaus] 스파우스

배우자

\# My spouse and I have been married for five years.
나의 배우자와 나는 결혼한 지 5년이 된다.

spread
[spred] 스프레드

펴다, 펼치다, 퍼뜨리다, 확산

\# The reputation of our products has been spread by all who know them.
당사 제품의 명성은 써 본 고객들에 의해 널리 알려져 있습니다.

\# Every Saturday, I spread our faith with my friends.
매주 토요일, 친구들과 전도를 한다.

spring
[spriŋ] 스프링

봄, 용수철, 샘, 원천, 뛰어오르다, 튀다

If winter comes, spring cannot be far behind.
겨울이 오면, 봄은 멀지 않다.

spurt
[spəːrt] 스퍼트

내뿜다, 분출하다

The water came out with a spurt.
물이 분출되어 나왔다.

squirrel
[skwə́ːrəl] 스쿼럴

다람쥐

Red squirrels are now very rare in Britain.
붉은 다람쥐는 이제 영국에서 매우 드물다.

stable
[stéibl] 스테이블

안정된, 견고한, 영속적인

The market is not stable, in consequence of which we cannot see our way to give you a fixed quotation at this time.
시장이 안정적이지 않기 때문에, 지금은 고정 가격을 제시해 드릴 수 없습니다.

stack
[stæk] 스택

무더기, 더미, 굴뚝

When you look for a book in the stacks, just leave the books you have taken off the shelf on the table.
책 더미에서 책을 찾을 때, 일단 선반에서 뺀 책들을 그냥 탁자 위에 두세요.

staff
[stæf] 스태프

막대기, 지팡이, 지휘봉, 부원, 직원, 사원

\# He enjoys exercising his authority over his staffs.
그는 직원들에게 권위를 휘두르는 것을 즐긴다.

stain
[stein] 스테인

얼룩, 착색

\# The clothes had many stains.
그 옷은 얼룩이 많았다.

standing
[stǽndiŋ] 스탠딩

서 있는, 지속적인, 고정된, 상설의, 지위, 평판

\# The bank will give you any information you may require concerning our credit standing as well as our manner of doing business.
그 은행은 우리 회사의 신용 상태 및 영업 방법에 관한 필요한 정보를 무엇이든 제공할 것입니다.

stare
[stɛəːr] 스테어

응시하다

\# He stared at the faithful miniature of the dinosaur.
그는 정교한 공룡의 축소 모형을 뚫어지게 쳐다보았다.

state
[steit] 스테잇

상태, 형편, 지위, 신분, 국가, 언급하다

\# What is the state of his health?
그의 건강 상태는 어떠니?

statement 성명, 성명서, 진술, 사업보고서
[stéitmənt] 스테잇먼트

His statement does not hang together.
그의 진술은 앞뒤가 맞지 않는다.

statistics 통계, 통계학
[stətístiks] 스터티스틱스

The calculations are based on the latest statistics.
그 계산은 최신의 통계에 근거를 둔 것이다.

statue 조각상
[stætʃuː] 스태추

Is that an authentic Roman statue, or a modern copy?
그것은 진짜 로마 시대의 조각상인가요, 아니면 현대 복제물인가요?

status 상태, 상황, 지위, 신분
[stéitəs, stǽtəs] 스테이터스

Have you filed the three-monthly status report?
3개월간 현황 보고서 정리했어요?

steal 훔치다, 몰래 빼앗다, 몰래 움직이다
[stiːl] 스틸

I had my wallet stolen in the subway.
지하철 안에서 지갑을 도난당했다.

steamy
[stíːmi] 스티미

증기의, 고온다습한

\# It sure is steamy today.
오늘 날씨 정말 무덥네요.

steep
[stiːp] 스팁

가파른, 험한

\# The road is too steep to ride up on a bike.
그 길은 너무 경사가 급해 자전거를 타고 올라갈 수 없다.

steer
[stiəːr] 스티어

~의 키를 잡다, 조종하다

\# Turn the steering wheel all the way to the right.
핸들을 잡고 오른쪽으로 끝까지 돌려.

stewardess
[stjúːərdis] 스튜어디스

스튜어디스, 여자 승무원

\# Press the call button for a stewardess.
스튜어디스를 부르시려면 콜 버튼을 누르세요.

sticky
[stíki] 스티키

끈적한, 끈끈한

\# This sticky fluid can be substitued for glue.
이 끈적끈적한 액체는 접착제 대용으로 쓸 수 있다.

stock
[stɑk] 스탁

줄기, 가문, 주식, 증권, 저장, 재고품

\# I made a killing in stock market.
증권 시장에서 큰돈을 벌었다.

stomach
[stʌ́mək] 스터먹

위, 복부, 배

\# I have trouble with my stomach.
전 위가 안 좋은 편이에요.

store
[stɔːr] 스토어

저축, 저장, 비축, 가게

\# I want to run a small store.
나는 작은 가게를 운영하고 싶다.

strain
[strein] 스트레인

부담, 압박, 세게 잡아당기다, 긴장시키다, 혹사하다

\# Relieve the strain.
긴장을 푸세요.

stray
[strei] 스트레이

옆길로 빗나가다, 제 위치를 벗어나다

\# Some of the sheep have strayed.
양 몇 마리가 길을 잃었다.

strength 세기, 힘

[strénkθ] 스트렝쓰

Your words gave me strength.
당신의 말이 큰 힘이 됐어요.

strengthen 강화하다

[strénkθən] 스트렝썬

The wind strengthened during the night.
밤 동안에는 바람이 더 강해졌다.

stress 압박, 긴장, 강조

[stres] 스트레스

Today I'm really stressed out.
오늘은 정말 몹시 지친 날이었다.

Regular exercise is shown to relieve stress.
규칙적인 운동은 스트레스를 경감하는 것으로 나타났다.

stretch 쭉 펴다, 뻗치다, 늘이다, 과장하다

[stretʃ] 스트레치

I think that's stretching the point a little too far, don't you?
그건 좀 지나친 과장 아닐까요?

strict 엄격한

[strikt] 스트릭트

My dad is very strict.
우리 아빠는 매우 엄격하시다.

S

413

strike
[straik] 스트라익

치다, 때리다, 부딪치다, 파업, 공습

God would strike me down if I was lying.
내가 거짓말하면 벼락을 맞을 것이다.

striking
[stráikiŋ] 스트라이킹

현저한, 두드러진

There is a striking parallelism between the twins.
쌍둥이 간에는 놀랄 만한 유사점이 있다.

strive
[straiv] 스트라이브

노력하다, 분투하다

I shall strive to build a more peaceful world.
나는 더 평화로운 세계를 만들기 위해 노력할 것이다.

stroke
[strouk] 스트로욱

일격, 타격, 발작, 뇌졸중

Little strokes fell great oaks.
열 번 찍어 안 넘어가는 나무 없다.

subordinate
[səbɔ́:rdənit] 서보더닛

부수하는, 종속하는

A superior officer has the power to countermand orders issued by a subordinate.
상급자는 하급자가 내린 명령을 철회할 권한이 있다.

subcontract 도급 계약, 하도급을 주다
[sʌbkántrækt] 섭칸트랙트

The company subcontracts its market research to a specialist consultancy.
그 회사는 시장 조사에 대해 전문 자문회사와 도급 계약을 했다.

subject 주제, 주어, 학과, 과목, 종속하는
[sʌ́bdʒikt] 섭직트

I don't like all the subjects except English.
나는 영어를 제외하고는 모든 과목이 다 싫다.

submit 복종시키다, 제출하다, 의견으로서 진술하다
[səbmít] 섭밋

He was losing the fight but he would not submit.
그는 그 싸움에서 지고 있었지만 굴복하려 하지 않았다.

subscribe 기부하다, 구독하다
[səbskráib] 섭스크라입

How much did you subscribe to the disaster fund?
당신은 그 재해 기금에 얼마를 기부했어요?

subscription 기부, 기부금, 구독, 가입
[səbskrípʃən] 섭스크립션

How much is a subscription?
구독료가 얼마죠?

subsequent   차후의, 다음의
[sʌ́bsikwənt] 섭시퀀트

In subsequent lessons, we shall take up more difficult problems.
다음 과에서는 더 어려운 문제들을 다룰 것이다.

substance   물질, 요지, 요점
[sʌ́bstəns] 섭스턴스

This substances is mostly composed of hydrigen and oxygen.
이 물질은 주로 수소와 산소로 이루어져 있다.

substantial   실질적인, 실체의, 많은
[səbstǽnʃəl] 섭스탠셜

The findings show a substantial difference between the opinions of men and women.
조사 결과는 남성과 여성의 의견 사이의 실질적인 차이를 보여 준다.

subtle   미묘한
[sʌ́tl] 서틀

The pictures are similar, but there are subtle difference between them.
그 사진들은 비슷해 보이나, 둘 사이에는 미묘한 차이점이 있다.

subtract   빼다, 감하다, 공제하다
[səbtrǽkt] 섭트랙트

Every educator would add or subtract a few subjects.
모든 교육자들은 몇 과목을 추가하거나 뺄 것입니다.

suburb 교외, 근교

[sʌ́bəːrb] 서버브

I live in the suburbs of Seoul, so there are many parks to go to.
나는 서울 근교에 살고 있어서, 갈 수 있는 공원이 많다.

succession 연속, 연속물, 상속, 계승

[səkséʃən] 석세션

It happened four times in succession.
그것은 연속 네 번이나 일어났다.

suffer 시달리다, 고통받다, 겪다

[sʌ́fər] 서퍼

They suffered from the shortage of food, water and medicine.
음식, 물, 의약품의 부족으로 고통을 받았다.

suffering 고통, 고생

[sʌ́fəriŋ] 서퍼링

He is suffering from time difference.
그는 시차 때문에 고생하고 있어요.

sufficient 충분한

[səfíʃənt] 서피션트

My allowance doesn't seem to be sufficient.
내 용돈이 충분치 않은 것 같아요.

S

suggest
[səgdʒést] 서제스트

암시하다, 제안하다

We suggest October 26 as a date for your representative's visit, but not before 2 o'clock.
10월 26일, 2시 이후가 귀사의 대리인이 방문하기에 적당한 날이라고 제안합니다.

suit
[su:t] 수트

소송, 탄원, 구애, 옷 한 벌, 정장

His suit is eye-catching.
그의 옷차림이 눈에 띄었다.

suitable
[súːtəbəl] 수터벌

적당한, 상당한, 어울리는, 알맞은

It was not suitable for me.
나에게 잘 맞지 않았다.

superb
[suːpə́ːrb] 수퍼브

훌륭한, 멋진

His acting is superb.
그의 연기는 최고입니다.

superintendent
[sùːpərinténdənt] 수퍼린텐던트

감독자, 지휘자, 관리자, 관리인

I just told the superintendent.
내가 방금 관리자에게 말했어요.

superior ~보다 우수한

[səpíəriər] 서피어리어

\# He has a superior sense in heading and attacking.

그는 헤딩과 공격에 뛰어난 감각을 가지고 있다.

supervisor 관리자, 감독자, 감시자, 감시원, 주임

[sú:pərvàizər] 수퍼바이저

\# He is reporting to his supervisor.

그는 관리자에게 보고하는 중입니다.

support 지탱하다, 지지하다, 후원하다

[səpɔ́:rt] 서포트

\# I support his opinion.

그의 의견을 지지합니다.

suppose 가정하다, 추측하다

[səpóuz] 서포우즈

\# We were supposed to have left a half hour ago.

우리는 30분 전에 출발했어야 했단 말이에요.

surface 표면, 외관, 겉보기

[sə́:rfis] 서피스

\# The surface of the peculiar object is fairly rough.

그 특이한 물체의 표면은 상당히 거칠다.

surgery 수술
[sə́:rdʒəri] 서저리

Her cosmetic surgery really did something for her.
성형 수술을 받더니 그녀 얼굴이 확 달라졌군.

surpass ~을 능가하다
[sərpǽs, -pάːs] 서패스

His accomplishment surpassed expectations.
그의 업적은 사람들의 예상보다 더 훌륭했다.

surplus 나머지, 잔여, 잉여
[sə́:rplʌs] 서플러스

These items are surplus to requirements.
이들 품목은 수요보다 과잉이다.

surrounding 환경, 주변의
[səráundiŋ] 서라운딩

Almost all of the surrounding land is owned exclusively by a few very rich farmers.
소수의 매우 부유한 농민들이 주위의 거의 모든 땅을 독점적으로 소유하고 있다.

survey 살피다, 조사하다, 측량하다
[sə:rvéi] 서베이

I want to survey the used book market in university areas.
대학교 근처 헌책방을 둘러보고 싶은데요.

survive

[sərváiv] 서바이브

생존하다, 살아남다

Her parents dies in the accidents, but she survived.
그녀의 부모는 그 사고로 죽었지만, 그녀는 살아남았다.

suspect

[səspékt] 서스펙트

의심하다, 혐의를 두다, 용의자

The suspect is accused of highway robbery.
그 용의자는 노상강도의 혐의를 받고 있어요.

suspend

[səspénd] 서스펜드

매달다, 걸다, 일시 정지하다, 정직시키다

The light was suspended from the branch of the tree.
나뭇가지에 등이 매달려 있었다.

suspense

[səspéns] 서스펜스

미결정, 걱정, 불안, 긴장감

Don't keep me in suspense.
마음 졸이게 하지 말아요.

suspension

[səspénʃən] 서스펜션

연기, 보류, 중지

The government has ordered the immediate suspension of exports to that country.
정부는 그 나라에 대한 수출을 즉각 중지할 것을 지시했다.

suspicion

[səspíʃən] 서스피션

혐의, 의심

You are now clear of all suspicion.
당신은 이제 모든 혐의를 벗었습니다.

sweep
[swi:p] 스위프

청소하다, 쓸다

I swept the yard with a broom.
마당을 비로 깨끗이 쓸었다.

sweet
[swi:t] 스위트

단, 달콤한, 상냥한

I like my coffee sweet.
나는 커피를 달게 마신다.

switch
[switʃ] 스위치

스위치, 개폐기, 전환, 변경, 교환

I'll switch this call to extension 123.
이 전화를 구내 123번으로 연결해 드리겠습니다.

symptom
[símptəm] 심텀

징후, 조짐, 전조

It is said that the first symptom of the disease
is a very high temperature.
질병의 첫 징후는 고열이라고 한다.

synthetic
[sinθétik] 신쎄틱

종합적인, 합성의

The synthetic fuels project has been
canceled.
합성 연료 개발 프로젝트가 취소되었어요.

1. 나는 그 **비밀**을 알았어요.

I got into the _____.

2. 나는 **확실한** 직장을 잡았다.

I've got a _____ job.

3. 그녀의 두 뺨은 **부끄러운** 나머지 장미처럼 빨개졌어요.

Her cheeks went red as a rose with _____.

4. **성실하지** 못했던 것이 후회된다.

I regret that I was not _____.

5. 매우 어려운 **상황**이었다.

It was a very difficult _____.

6. 나는 근육이 **단단하다**.

My muscle is _____.

7. 그의 건강 **상태**는 어떠니?

What is the _____ of his health?

8. 당신의 말이 큰 **힘**이 됐어요.

Your words gave me _____.

---

1. secret　　**2.** secure　　**3.** shame　　**4.** sincere
5. situation　　**6.** solid　　**7.** state　　**8.** strength

tablet
[tǽblit] 태블릿

평판, 기념 액자, (약) 정제

Take two tablets as soon as you feel pain, but don't take more than 6 in one day.
통증을 느낄 때 2정을 드시면 되는데, 하루에 6정 이상 복용하지 마십시오.

take-off
[téikɔ(:)f] 테이코프

이륙, 출발

The crash occurred only a minute after take-off.
그 사고는 이륙한 지 겨우 1분 만에 일어났다.

talkative
[tɔ́ːkətiv] 토커티브

이야기하기 좋아하는, 수다스러운

He is not very talkative.
그는 말이 없는 사람입니다.

task
[tæsk, tɑːsk] 태스크

일, 과업, 작업

I have so many vacation tasks, so I think I can not do all of them.
방학 숙제가 너무 많아, 다 할 수 없을 것 같다.

taste
[teist] 테이스트

맛, 미각, 심미안, 취미

\# Could you taste this soup for me?
이 수프의 간 좀 봐 주시겠어요?

tasty
[téisti] 테이스티

맛있는

\# The smell of tasty foods made my mouth water.
맛있는 요리 냄새가 나서 입에 군침을 돌았다.

tax
[tæks] 택스

세금, 조세

\# Enclosed are copies of our most recent profit and loss statement and certificate of corporate tax payment.
폐사의 가장 최근의 손익계산서 사본과 법인세 납입증명서를 동봉합니다.

taxation
[tækséiʃən] 택세이션

과세, 징세, 세제

\# Tell her I called to change our meeting date with the Canadian Taxation Department?
캐나다 국세청과의 약속을 변경하기 위해 전화했다고 전해 주시겠어요?

taxpayer
[tǽkspèiər] 택스페이어

납세자, 납세 의무자

\# The burden of proof falls upon the taxpayer
입증 책임이 납세자에 주어지다

teammate 팀 동료

[tíːmmèit] 팀메잇

I practiced even on Sundays when my teammates were at home.
나는 팀 동료들이 집에서 쉬는 일요일에도 연습을 했다.

tease 놀리다, 집적거리다

[tiːz] 티즈

He teased me about my hair style.
그 아이가 나의 머리 모양을 놀렸다.

teenager 10대

[tíːnèidʒəːr] 티네이저

You are acting like a teenager.
당신은 10대처럼 행동하고 있어요.

telecommunication 전기 통신

[tèləkəmjùːnəkéiʃən] 텔러커뮤너케이션

The telecommunications giant, expected to file for bankruptcy as early as this weekend.
이 거대 통신 기업은, 이르면 이번 주 파산보호신청을 제출할 예정입니다.

teller 이야기하는 사람, 말하는 사람, 은행 창구 직원

[téləːr] 텔러

The teller absconded with the bonds and was not found.
그 창구 직원이 채권을 가지고 도망갔지만 찾지 못했다.

temperature 온도, 기온
[témpərətʃuə:r] 템퍼러추어

The temperature dropped very low this morning.
오늘 아침은 온도가 많이 내려갔다.

tender 상냥한, 다정한
[téndə:r] 텐더

My grandmother always gives us a tender smile.
할머니는 항상 우리에게 다정한 미소를 지어 주신다.

tense 팽팽한, 긴장한, 긴박한, 부자연한
[tens] 텐스

I was so tense that I couldn't sleep a wink.
너무 긴장되어서 한숨도 못 잤다.

term 기간, 임기, 학기, 조건, 관계, 용어
[tə:rm] 텀

I'm taking a term off.
나는 한 학기를 휴학 중이다.

terminate 끝내다, 종결시키다, 해고하다
[tə́:rmənèit] 터머네잇

I very much regret that I wish to terminate my services with this company effective.
이 회사와 서비스를 종료하길 바란다는 것에 매우 유감입니다.

termination 종료, 폐지, 만기, 말단
[təˈrmənéiʃən] 터머네이션

Serious incidents may result in termination, and possibly, legal action.
심각한 사태가 발생하게 되면 종료 및 법적 조치까지도 취할 수 있습니다.

terrestrial 지구의, 지상의, 흙의
[təréstriəl] 터레스트리얼

The plant is found in the Antarctic and grows in the harshest terrestrial conditions on our planet.
그 식물은 남극에서 발견되며 지구상에서 가장 거친 토양 조건에서 자란다.

terrible 무서운, 끔찍한
[térəbəl] 테러벌

It was a terrible day.
정말 끔찍한 하루였다.

territorial 영토의, 토지의, 사유의, 특정 지역의
[tèrətɔ́ːriəl] 테러토리얼

The two countries are also at odds over territorial claims to a group of small islands.
양국은 또한 작은 섬들에 대한 영유권으로 다투고 있다.

tertiary 제3의, 제3차
[təːrʃièri, -ʃəri] 터시에리

> # When used of an industry, tertiary means providing a service.
> 산업부분에서 쓰일 때, '제3차'는 서비스를 제공한다는 뜻이다.

testimony 증언
[téstəmòuni] 테스터모우니

> # It's based on his testimony.
> 그건 그 사람의 증언을 근거로 했다.

textile 직물, 옷감
[tékstail, -til] 텍스타일

> # The textiles are packed in bales.
> 직물은 화물로 포장해야 합니다.

theory 이론
[θíːəri] 씨어리

> # Seldom has the mathematical theory of games been of practical use in playing real games.
> 게임에 관한 수학적 이론이, 실제 게임을 하는 데 있어서 실질적으로 유용한 경우는 거의 없었다.

thick 두꺼운, 진한, 빽빽한
[θik] 씩

> # These days glasses with thick rims are very popular.
> 요즘은 두꺼운 테 안경이 유행이다.

thin

[θin] 씬

얇은, 마른, 여윈, 옅은, 희박한

\# I am tall and thin.
나는 키가 크고 여위었다.

thoroughly

[θɔ́ːrouli] 써로울리

아주, 전적으로

\# You'd better check out the engine thoroughly.
엔진을 철저히 점검해 보시는 것이 좋을 겁니다.

throat

[θrout] 쓰로웃

목, 목구멍, 목청, 목소리

\# I suffered from a sore throat.
목이 아파서 고생을 했다.

throughout

[θruːáut] 쓰루아웃

~의 전체에 걸쳐서

\# Flu is prevalent throughout the country.
독감이 전국적으로 유행이다.

throw

[θrou] 쓰로우

던지다, 팽개치다, 발사하다

\# A kid threw something to the animals.
어느 꼬마가 동물들에게 무언가를 던졌다.

thumb

[θʌm] 썸

엄지손가락

\# It is really maddening to see him with his thumb constantly in his mouth.
그가 언제나 엄지손가락을 입에 물고 있는 것을 보면 정말 미칠 지경입니다.

ticket
[tíkit] 티킷

표, 입장권, 승차권, 교통 위반 딱지

I'd like to book tickets for the three o'clock flight.
3시에 떠나는 비행기표를 예약하고 싶어요.

tie
[tai] 타이

끈, 넥타이, 구속, 무승부, 묶다, 얽매다

I was tied up with the house chores all day long.
하루 종일 집안일에 얽매여 있었다.

timber
[tímbə:r] 팀버

목재

The pine is the main timber used by forest-product industry.
소나무는 산림업에서 사용하는 주요 목재입니다.

timetable
[táimtèibl] 타임테이블

시간표, 예정표

Where can I get a railroad timetable?
열차 시간표를 어디서 구할 수 있을까요?

tip
[tip] 팁

팁, 사례금, 작은 정보, 비결, 묘책

It is customary to tip the waiter in the country.
그 나라에서는 웨이터에게 팁을 주는 것이 관례다.

tipsy
[típsi] 팁시

술 취한, 비틀거리는, (건물이) 기울어진, 불안정한

I'm feeling a little tipsy.
술기운이 돈다.

tired
[taiə:rd] 타이어드

피곤한, 지친, 싫증 난, 진부한

Don't bug me today! I'm tired.
오늘 귀찮게 하지 마! 나 피곤해.

toiletry
[tɔ́ilitri] 토일리트리

화장품류, 세면용품

He would grab his toiletries from the bathroom and dash to the kitchen sink to brush his teeth.
그는 욕실에서 자기의 세면도구를 집어 들고 나와 이를 닦기 위해 부엌 싱크대로 달려가곤 했다.

token
[tóukən] 토우컨

징후, 상징, 표시, 상품권

I gave a gift to the teacher in token of my gratitude.
감사의 표시로 선생님께 선물을 드렸다.

toll
[toul] 토울

통행세, 장거리 전화료

Do you have to pay the toll for the second Nam San tunnel on holidays, too?
공휴일에도 남산 2호 터널의 통행료를 내나요?

topic
[tápik] 타픽

화제, 주제

As far as I'm concerned, the topic is worth discussing.
내 생각으로는 그 화제는 논의할 가치가 있다.

topple
[tápəl, tɔ́pəl] 타펄

비틀거리다, 쓰러지다

The famous "Leaning Tower of Pisa" looks as though it were going to topple over any minute.
유명한 "피사의 사탑"은 당장이라도 넘어질 것처럼 보인다.

tornado
[tɔːrnéidou] 토네이도우

토네이도, 회오리바람

We had given a warning, but there was no tornado.
우리는 경보를 울렸는데, 회오리바람은 발생하지 않았다.

torrential
[tɔːrénʃəl] 토렌셜

급류의, 맹렬한

The three days of torrential rain that hit the country last week took a tremendous toll on human life and property.
지난주 전국을 강타했던 3일간의 폭우는 막대한 인명 손실과 재산 피해를 남겼다.

toss
[tɔːs, tɑs, tɔs] 토스

던지다, (공을) 토스하다, 뒤척이다

I tossed and turned all night.
밤새워 엎치락뒤치락했어요.

total
[tóutl] 토우틀

전체의, 모두

Total four in all.
모두 4개입니다.

totally
[tóutəli] 토우털리

완전히, 모조리, 전혀

His statements are totally different with the facts.
그의 말은 사실과 완전히 달랐다.

touch
[tʌtʃ] 터치

~에 닿다, 접촉하다, 감동시키다

Don't touch it, please!
손대지 마세요!

tough
[tʌf] 터프

힘든, 어려운, 엄한, 강인한

It's obvious things will get tough.
고생길이 훤하군요.

The professor is a really tough grader.
그 교수님은 학점이 너무 짜요.

tow
[tou] 토우

끌다, 견인하다

This is a tow away zone.
여기는 견인 지역입니다.

toward
[təwɔ́ːrd] 터워드

~쪽으로, ~에 대하여

\# I am more affectionate toward my younger sister.
나는 여동생에 대한 더 애정이 깊다.

trace
[treis] 트레이스

자취, 흔적, 자취를 밟다, 추적하다, 선, 도형

\# Can you trace him for me, please?
그분 어디 계신지 알아봐 주실 수 있으세요?

trade
[treid] 트레이드

무역, 거래, 교환

\# I used to work for an international trade company.
나는 국제 무역 회사에 근무했었다.

traditional
[trədíʃənəl] 트러디셔널

전통의, 전통적인

\# The bride was dressed in traditional costume.
그 신부는 전통 복장을 하고 있었다.

traffic
[træfik] 트래픽

교통, 수송, 거래, 무역

\# I was late because of traffic jam.
교통이 막혀 지각했다.

trajectory 궤도, 궤적
[trədʒéktəri] 트러젝터리

That would have the effect of subtly altering the way the asteroid moves, causing it to slowly change its trajectory.
그것은 소행성이 움직이는 길을 미묘하게 바꾸는 효과를 가져, 천천히 그 궤도를 변화시킬 것이다.

transact 거래하다
[trænsǽkt] 트랜색트

We would welcome the opportunity to transact further business with you.
귀사와 더욱더 거래할 수 있는 기회를 환영합니다.

transfer 옮기다, 이동하다, 운반하다
[trænsfə́ːr] 트랜스퍼

The transfer stations are always overcrowded.
갈아타는 역에는 항상 사람이 많다.

transit 통과, 통행, 운송, 변천
[trǽnsit] 트랜싯

The goods were damaged in transit.
운송 도중에 화물이 파손되었습니다.

translate 번역하다, 해석하다
[trænsléit] 트랜슬레잇

He was immediately commissioned to translate another book.
그는 곧 다른 책을 번역해 달라는 위탁을 받았다.

transpose   바꾸어 놓다
[trænspóuz] 트랜스포우즈

The director transposes Shakespeare's play from 16th-century Venice to present-day England.
감독은 셰익스피어 연극의 배경을 16세기의 베니스에서 현대 영국으로 옮겨 놓았다.

trappings   액세서리, 장식
[trǽpiŋz] 트래핑즈

He had the trappings of high office but no real power.
그는 고위직이라는 장식물을 갖고 있을 뿐 실권은 없었다.

trash   쓰레기
[træʃ] 트래시

I put the garbage in the trash can.
나는 쓰레기를 휴지통에 버렸다.

treasurer   회계원, 귀중품 관리자
[tréʒərəːr] 트레저러

The treasurer misappropriated the society's funds.
회계 담당자가 협회 공금을 사용하였다.

treat   다루다, 대우하다, 치료하다
[triːt] 트리트

I had to be treated as soon as possible.
나는 가능한 한 빨리 치료를 받아야 했다.

tremendous   무서운, 굉장한, 엄청난

[triméndəs] 트리멘더스

I was so surprised by his tremendous popularity.
나는 그의 엄청난 인기에 놀랐다.

tremor   전율, 떨림

[trémə:r] 트레머

She had a nervous tremor in her right hand.
그녀는 오른손에 신경성 떨림이 있었다.

trend   경향, 추세

[trend] 트렌드

The farmers want to see this trend reversed.
농부들은 이런 추세가 뒤집히는 걸 보고 싶어 한다.

trickle   똑똑 떨어지다, 조금씩 오다

[tríkəl] 트리클

Some donations are already trickling in.
약간의 기부가 이미 조금씩 들어오고 있다.

trip   여행

[trip] 트립

I went on a trip to recharge my batteries.
나는 재충전하기 위해 여행을 갔어요.

trust   신뢰하다, 외상으로 판매하다

[trʌst] 트러스트

I had the impression that he didn't trust me.
나는 그가 나를 신뢰하지 않는다는 인상을 받았다.

turbulent
[tə́:rbjələnt] 터비얼런트

몹시 거친, 소동을 일으키는, 난기류의

There is no atheists on turbulent airplane.
요동치는 비행기 안에서 무신론자는 없다.

turmoil
[tə́:rmɔil] 터모일

소란, 소동

The constant turmoil in the office proved that she was an inept administrator.
사무실에서 발생한 계속된 소란은 그녀가 서툰 관리자였음을 증명했다.

turnabout
[tə́:rnəbàut] 터너바웃

회전, 방향 전환, 보복, 회전목마

The government's sudden turnabout on taxation surprised political commentators.
정부의 갑작스러운 세제 방침 선회는 정치 해설자들을 놀라게 했다.

turnout
[tə́:rnàut] 터나웃

집합, 동원, 소집

The charity event had an even greater turnout than expected.
그 자선 행사에는 예상보다 훨씬 많은 사람들이 참석했다.

turnover
[tə́:rnòuvə:r] 터노우버

회전, 반전, 매출량, 회전율

I suppose it's because they make their money off high turnover and they don't want people hanging around.
회전율이 높아야 돈을 버니까 사람들이 오래 못 앉아 있게 하려는 거겠지요.

turnstile

[tə́:rnstàil] 턴스타일

회전식 문

I bought a ticket and slid through the turnstile.
승차권을 사서 회전식 개찰구를 통과했다.

turn-up

[tə́:rnʌ̀p] 터넙

접어 붙인 부분

Turn-ups are becoming fashionable again.
바짓가랑이의 단을 밖으로 접어 올리는 형태가 다시 유행하고 있다.

tutorial

[tju:tɔ́:riəl] 튜토리얼

가정교사의, 개인 지도, 설명서

How are you doing with the animation tutorial?
애니메이션 길라잡이는 잘 활용하고 있어?

twice

[twais] 트와이스

두 번, 두 배로

I have my hair cut twice a month.
나는 한 달에 두 번 머리를 깎는다.

typically

[típikəli] 티피컬리

일반적으로, 전형적으로, 대체로

Tickets for such events will typically cost around thirty dollars.
그런 행사의 입장권은 일반적으로 30달러 정도 할 것이다.

ulcer
[ʌ́lsər] 얼서

궤양, 종기

I have previously received treatment for an ulcer.
나는 예전에 궤양 치료를 받았습니다.

ultimate
[ʌ́ltəmit] 얼터밋

최후의, 궁극의, 근본적인

Ontology deals with questions about ultimate nature of things.
존재론은 사물의 궁극적인 성질에 관한 문제를 다룬다.

unanimous
[juːnǽnəməs] 유내너머스

만장일치의, 전원일치의

It was a unanimous decision.
그것은 만장일치로 결정되었습니다.

unconventional
[ʌ̀nkənvénʃənəl] 언컨벤셔널

관습에 의하지 않은, 자유롭게

She made a highly unconventional approach to you at a dance hall.
그녀는 댄스홀에서 매우 자유롭게 당신에게 접근했어요.

underestimate 과소평가하다
[ʌ̀ndəréstəmèit] 언더레스터메잇

Don't underestimate me.
나를 과소평가하지 마세요.

underground 지하의, 지하조직의, 실험적인
[ʌ̀ndərgràund] 언더그라운드

The miners were trapped deep underground.
그 광부들은 지하 깊은 곳에 갇혔다.

undermine ~의 밑을 파다, 몰래 손상시키다
[ʌ̀ndərmáin] 언더마인

The foreign agent sought to undermine the government.
그 외국 정보원은 정부를 깎아내리려고 공작을 했다.

underscore 배경 음악, 밑줄
[ʌ̀ndərskɔ́:r] 언더스코어

When we take notes, our teacher wants us to underscore items that are especially important.
우리가 필기할 때, 선생님은 특히 중요한 항목에는 밑줄을 긋기를 바란다.

undertake 떠맡다, 보증하다, 착수하다
[ʌ̀ndərtéik] 언더테익

I am confident that we are ready for any reprisals the enemy may undertake.
나는 적이 취할 수 있는 어떠한 보복 행위에도 우리가 대비하고 있다고 확신한다.

444

undervalue 과소평가하다

[ʌ̀ndərvǽljuː] 언더밸류

I felt that my work was being undervalued.
나는 내 작업이 과소평가되고 있다는 느낌을 받았다.

underway 항해 중인, 진행 중인

[ʌ̀ndərwéi] 언더웨이

The Russian government has assured us that talks are underway.
러시아 정부는 대화가 진행 중이라고 우리를 안심시키고 있습니다.

uninhibited 금지되지 않은, 제약받지 않은, 노골적인

[ʌ̀ninhíbitid] 어닌히비티드

Their disclosure would impair the uninhibited flow of advice, recommendations and opinions within the agency.
그들의 폭로는 기관 내 충고, 추천, 의견과 같은 제약받지 않는 기류를 훼손할 수 있다.

union 결합, 합동, 일치, 단결, 조합, 협회

[júːnjən] 유니언

The news emerged after a meeting between managers and union representatives.
이 소식은 어제 경영자들과 조합 대표자들 간의 회의 후에 발표되었다.

unique 유일한, 독특한, 진기한

[juːníːk] 유니크

As far as I know it's unique and therefore very valuable.
내가 알기로 이것은 하나밖에 없어서 매우 귀중한 것이다.

unit
[jú:nit] 유닛

단위, 구성단위, 편성단위

\# If you purchase more than ten thousand units, we can reduce it to twelve dollars.
만약 만 개 이상 구매하시면, 12달러로 가격을 낮출 수 있습니다.

universe
[jú:nəvə̀:rs] 유너버스

우주, 만물, 세계, 전 인류

\# Many astronomers assume that the universe expands infinitely.
많은 천문학자들이 우주는 무한히 팽창한다고 생각한다.

unjustly
[ʌndʒʌ́stli] 언저스틀리

부정한, 불법의

\# No man ever behaved more grandly when unjustly condemned to die than did Socrates.
부당하게 사형선고를 받았을 때 소크라테스보다 더 위대하게 행동한 사람은 없었다.

unload
[ʌnlóud] 언로우드

짐을 내리다

\# The men are unloading the trucks.
남자들이 트럭에서 짐을 내리고 있다.

unstable
[ʌnstéibəl] 언스테이벌

불안정한

\# The rising rate of crime is a reflection of an unstable society.
범죄율의 증가는 불안정한 사회를 반영하는 것이다.

unveil
[ʌnvéil] 언베일

베일을 벗기다, 공개하다, 발표하다

Scientists today unveiled the world's tiniest motor, which is the size of a grain of sand.
과학자들은 오늘, 모래알 크기의, 세계 최소형 모터를 공개했다.

upcoming
[ʌ́pkʌ̀miŋ] 업커밍

다가오는

The pupils are looking forward to the upcoming excursion.
학생들은 곧 다가올 소풍을 기대하고 있다.

update
[ʌpdéit] 업데잇

새롭게 하다, 최신의 것으로 하다

We will give you on the day's update.
우리는 그날의 최신 정보를 당신에게 제공할 것입니다.

upset
[ʌ́psèt] 업셋

전복, 뒤엎다, 속상한, 배탈

I'm upset because it's not going as well as I expected.
기대만큼 일이 잘되질 않아 속상해요.

upward
[ʌ́pwərd] 어퉈드

위로 향한, 위쪽으로

Prices have an upward tendency.
물가는 상승하는 경향이 있다.

U

urge

[ə:rdʒ] 어지

재촉하다, 주장하다, 설득하다

I strongly urge you to curtail routine overtime authorization, allowing it only on a case-by-case, emergency basis.
일상적인 초과근무 승인을 줄이고, 경우에 따라 비상시에만 허가할 것을 강력히 촉구합니다.

utilize

[júːtəlàiz] 유털라이즈

활용하다

We are utilizing the actor's popularity to sell our products.
우리 제품의 판촉에 그 배우의 인기를 이용하고 있다.

1. 그 사고는 **이륙한** 지 겨우 1분 만에 일어났다.

The crash occurred only a minute after _____.

2. 나는 한 **학기**를 휴학 중이다.

I'm taking a _____ off.

3. 정말 **끔찍한** 하루였다.

It was a _____ day.

4. **모두** 4개입니다.

_____ four in all.

5. **운송** 도중에 화물이 파손되었습니다.

The goods were damaged in _____.

6. 나는 그가 나를 **신뢰하지** 않는다는 인상을 받았다.

I had the impression that he didn't _____ me.

7. 나를 **과소평가하지** 마세요.

Don't _____ me.

8. 범죄율의 증가는 **불안정한** 사회를 반영하는 것이다.

The rising rate of crime is a reflection of an _____ society.

1. take-off **2.** term **3.** terrible **4.** Total
5. transit **6.** trust **7.** underestimate **8.** unstable

vacant 공허한, 빈

[véikənt] 베이컨트

Don't you have any vacant rooms?
빈방 있습니까?

vacation 휴가, 방학

[veikéiʃən, və-] 베이케이션

Are you here on vacation?
휴가차 여기 왔습니까?

vaccination 예방 접종

[væ̀ksənéiʃən] 백서네이션

Small pox vaccinations may be back in a big way.
천연두 예방 접종이 다시 대규모로 실시될지도 모릅니다.

Visitors should present their vaccination certificates together with their passports to the immigration officials.
방문객들은 입국 심사 직원들에게 접종 증명서와 여권을 제출해야 합니다.

valid
[vǽlid] 밸리드

근거가 확실한, 효과적인, 유효한, 타당한

Because her argument was indubitably valid, the judge accepted it.
그녀의 주장은 의심할 여지가 없이 타당하여, 판사는 그것을 받아들였다.

validity
[vəlídəti] 벌리더티

정당성, 타당성, 유효성, 효력, 유효 기간

Can you extend your validity date by one month?
유효 기간을 1개월 연장해 주실 수 있습니까?

valuable
[vǽlju:əbəl] 밸류어벌

귀중한

Where do I check my valuables?
귀중품은 어디에 보관합니까?

valuation
[væ̀ljuéiʃən] 밸류에이션

평가, 값을 매김, 가치 판단

Surveyors carried out a valuation of our house.
측량 기사들이 우리 집에 대한 평가를 시행했다.

value
[vǽlju:] 밸류

가치, 평가

The price of this article is out of proportion to its value.
이 물건의 가격은 그 가치에 비해 터무니없이 비싸다.

vary

[véəri] 베어리

~에 변화를 주다, 다양하게 하다

It varies from company to company.

그건 회사마다 다양하다.

vegetable

[védʒətəbəl] 베저터벌

채소

Vegetable prices fluctuate according to the season.

채소 가격은 계절에 따라 변동한다.

vegetarian

[vèdʒətéəriən] 베저테어리언

채식주의의, 채식주의자

Are you a vegetarian?

채식주의자입니까?

vehicle

[víːikəl, víːhi-] 비이컬

차량, 수송 수단, 매개물, 전달 수단

Car manufactures ought to produce more secure vehicles.

자동차 제조업자들은 좀 더 안전한 차량을 생산해야 한다.

V

venture

[véntʃər] 벤처

위험을 무릅쓰고 가다, 과감히 ~하다

I ventured a bet on the first race.

나는 첫 번째 경주에 과감히 돈을 걸었다.

verify
[vérəfài] 베러파이

증명하다

I am in a position to verify everything about the condition of our schools.
나는 우리 학교의 상황에 관한 모든 것을 증명해야 하는 입장입니다.

vessel
[vésəl] 베설

용기, 그릇, 선박, 배, 혈관

That vessel belongs to him.
저 선박은 그의 것이다.

view
[vjuː] 뷰

전망, 광경, 경치, 시야, 시력, 견해, 의견

In view of the prevailing prices in this market, your quotation is a little expensive.
이 시장의 일반적인 가격으로 보건대, 당신의 견적은 다소 높습니다.

virtually
[vɔ́ːrtʃuəli] 버추얼리

사실상, 실질적으로

Unfortunately, our accounting department pointed out that this would virtually wipe out our profit margin.
유감이지만, 우리 회계부는 이것이 우리의 중간 이윤을 사실상 없애 버릴 것이라 지적했습니다.

virtuous
[vɔ́:rtʃuəs] 버추어스

덕이 높은, 고결한, 정숙한

You lived an entirely virtuous life.
당신은 완전히 도덕적인 삶을 살았다.

visibility
[vìzəbíləti] 비저빌러티

눈에 보임, 쉽게 보임, 잘 보임

The greatest obstacle facing the products is a lack of visibility.
그 제품의 가장 큰 문제는 눈에 띄지 않는다는 점입니다.

vision
[víʒən] 비젼

시력, 시각, 상상력, 환영, 광경

He has tunnel vision.
그는 시야가 좁아요.

visit
[vízit] 비짓

방문하다

Even after the graduation, I will visit the teachers.
졸업 후에도, 선생님을 찾아뵐 것이다.

V

visual
[víʒuəl] 비주얼

시각의, 광학상의, 눈에 보이는 듯한, 선명한

The right side of the brain is more visual and creative.
오른쪽 뇌는 좀 더 시각적이고 창의적이다.

vital
[váitl] 바이틀

생명의, 생기가 넘치는, 치명적인, 절대로 필요한

Your immediate action to rectify this situation is vital at this stage.
이 상황을 바로잡기 위한 귀하의 신속한 조처가 현 단계에서 절대적으로 필요합니다.

vitality
[vaitǽləti] 바이탤러티

생명력, 활력, 체력, 지속력

The Asian economy is filled with vitality.
아시아 경제는 활력으로 가득 차 있다.

vitalize
[váitəlàiz] 바이털라이즈

활력을 부여하다, 생명을 주다

We hope to vitalize our feeble extracurricular program by introducing many new activities.
우리는 많은 새로운 활동을 소개함으로써 미약한 과외 프로그램에 활력을 불어넣기를 희망한다.

voice
[vɔ́is] 보이스

목소리, 의견

A voice like that is few and far between.
그런 목소리는 흔치 않아요.

* few and far between 흔치 않은

void
[vɔid] 보이드

빈, 공허한, 공석인, 자리가 빈, 무익한, 무효의

The void left by the loss of such a gifted leader will be very hard to fill.
그만한 자질을 지닌 지도자의 빈자리를 채운다는 것은 매우 어렵습니다.

volume
[vάlju:m] 발륨

서적, (책의) 권, 용량, 부피

\# A lower price will not be possible until production volumes increase substantially.
생산량이 상당히 증가되기 전까지 더 이상의 가격인하는 불가능합니다.

volunteer
[vάləntíər] 발런티어

자원하다, 자원봉사자

\# My grandmother volunteered much for the poor.
할머니는 가난한 사람들을 위해 자원봉사를 많이 하셨다.

voyage
[vɔ́idʒ] 보이지

항해

\# Life is compared to a voyage.
인생은 항해에 비유된다.

V

wage 임금
[weidʒ] 웨이지

How do they manage to subsist on such a low wage?
그처럼 낮은 임금으로 그들은 어떻게 살아갈까?

warn 경고하다, 알리다
[wɔːrn] 원

The flood warning was issued this morning.
오늘 아침에 홍수 경보가 발령되었다.

warranty 담보, 보증, 보증서, 영장, 명령서
[wɔ́(ː)rənti] 워런티

Please understand that such expenses are not payable under existingly under warranty policies.
이러한 경비는 현행의 보증 방침하에서는 지불할 수 없음을 양해해 주시기 바랍니다.

waste 헛되이 하다, 낭비하다
[weist] 웨이스트

Let's see, "Waste not, want not."
음, "낭비하지 않으면, 부족하지 않다".

waterproof 방수의
[wɔ́:tərprùːf] 워터프루프

The roof should be waterproofed.
이 지붕은 방수 처리를 해야만 합니다.

weak 약한
[wiːk] 위크

I am weak in faith.
나는 믿음이 약하다.

wear 입다, 몸에 지니고 있다, 닳게 하다, 지치게 하다
[wɛə:r] 웨어

I wouldn't wear something like that!
난 그런 옷은 안 입어!

web 직물, 거미줄, 방송망, (인터넷) 웹
[web] 웹

You see this spider web?
이 거미줄 보이세요?

wedding 혼례, 결혼식
[wédiŋ] 웨딩

We raised money to buy a wedding present.
우리는 결혼 선물을 사기 위해 돈을 모았다.

weigh ~의 무게를 달다
[wei] 웨이

I weighed myself on a weighing machine.
나는 체중계에 몸무게를 달았다.

welfare
[wélfὲəːr] 웰페어

복지

One cannot emphasize too much the importance of welfare.
복지의 중요성은 아무리 강조해도 지나치지 않다.

well-being
[welbíːiŋ] 웰비잉

안녕, 복지, 행복

Instead of being so concerned with the iniquities of others, they would do well to think more of their own state of moral well-being.
다른 사람들의 부정에 그렇게 관심을 갖는 대신에, 그들 자신의 도덕적 상태를 더 생각하는 편이 좋을 것이다.

wheel
[hwiːl] 위을

수레바퀴, (자동차의) 핸들

The worst wheel of the cart always creaks most.
빈 수레가 요란하다.
(짐수레에서 최악의 바퀴는 항상 가장 삐걱거린다.)

W

whenever
[hwenévəːr] 웨네버

~할 때는 언제든지, ~할 때마다

My grandmother helps people whenever they need her help.
할머니는 사람들이 그녀의 도움이 필요하면 언제든지 그들을 돕는다.

whirlwind
[hwə́ːrlwìnd] 월윈드

회오리바람, 급격한 행동

Do you not think an angel rides in the whirlwind and directs this storm?
천사가 회오리바람을 타고 폭풍을 지휘한다고 생각지 않으십니까?

wide
[waid] 와이드

폭넓은, 광대한

The gate isn't wide enough to get the car through.
그 대문은 차가 들어갈 만큼 넓지 못하다.

width
[widθ] 윗쓰

폭, 너비

She can swim two widths now.
그녀는 이제 수영장 끝에서 끝까지 왔다 갔다 할 수 있다.

wilderness
[wíldəːrnis] 윌더니스

황야, 황무지, 사막

Firewood gathering is prohibited except in designated areas with a wilderness permit.
황무지 허가가 있는 지정 구역을 제외하고는 장작 수집이 금지된다.

wildlife
[wáildlàif] 와일드라이프

야생 생물

Let's protect endangered wildlife in this planet!
지구 상의 멸종 위기에 놓인 야생 생물을 보호합시다!

willfully

[wílfəli] 윌펄리

계획적으로, 고의로

He made a car accident willfully.
그는 고의로 자동차 사고를 냈다.

windshield

[wíndʃìːld] 윈드실드

바람막이 창, 전면 유리

Could you wash the windshield for me, please?
앞 유리도 닦아 주시겠어요?

wipe

[waip] 와입

닦다, 지우다

I wiped off the window.
창문을 닦았다.

wire

[waiəːr] 와이어

철사, 전선, 전신

Don't touch those wires.
저 전선들을 만지지 마라.

withdraw

[wiðdrɔ́ː] 위드드로

움츠리다, 회수하다, 수하다, 철회하다

They withdrew their objections with good grace.
그들은 기꺼이 반대를 철회했다.

w

witness
[wítnis] 윗니스

증언, 목격자, 증인

He began to question the witness.
그는 증인 심문을 시작했다.

word
[wə:rd] 워드

말, 낱말, 이야기

Have you ever seen me go back on my word?
내가 언제 빈말하는 것 봤어요?

workload
[wərkloud] 워크로우드

업무량, 작업량

You already have a huge workload.
당신은 이미 산더미 같은 업무량을 갖고 있다.

workshop
[wə́:rkʃàp, -ʃɔ̀p] 워크샵

일터, 작업장, 연수회

She's attending a training workshop for new employees.
그녀는 신입 사원 연수회에 참석 중이다.

worry
[wə́:ri] 워리

걱정하다

I am worried about my unfinished homework.
방학 숙제를 다 끝내지 못해 걱정이다.

wreck

[rek] 렉

난파, 파괴, 파멸, 파괴하다

#The explosion shattered nearby windows and wrecked two cars.
폭발로 근처 창문들은 산산조각이 났고 두 대의 차량이 파손되었다.

wring

[riŋ] 링

짜다, 비틀다, 우려내다, 괴롭히다, 왜곡하다

#Would you wring out this rag?
이 걸레 좀 짜 줄래요?

W

xylophone 실로폰
[záiləfòun] 자일러포운

She plays the xylophone at the church.
그녀는 교회에서 실로폰을 연주한다.

yawn
[jɔ́ːn] 욘

하품하다, 하품

\# It is bad manners to yawn in company.
사람들 앞에서 하품하는 것은 실례다.

yield
[jiːld] 일드

산출하다, 양보하다, 양도하다

\# Yielding is sometimes the best way of succeeding.
양보가 때로는 성공의 최상책이다.

young
[jʌ́ŋ] 영

젊은, 한창인

\# She looks young for her age.
그녀는 나이보다 어려 보인다.

zealous
[zéləs] 젤러스

열심인, 열광적인

She is zealous to please son.
그녀는 아들을 기쁘게 하려고 열심이다.

zebra
[zíːbrə] 지브러

얼룩말

Look at a zebra.
얼룩말을 봐.

zip
[zip] 집

지퍼, 지퍼를 올리다

He did up the zip.
그는 지퍼를 올렸다.

zoo
[zuː] 주

동물원

He works at the zoo.
그는 동물원에서 일한다.

1. 빈방 있습니까?

Don't you have any _____ rooms?

2. 유효 기간을 1개월 연장해 주실 수 있습니까?

Can you extend your _____ date by one month?

3. 이 물건의 가격은 그 **가치**에 비해 터무니없이 비싸다.

The price of this article is out of proportion to its _____.

4. **채식주의자**입니까?

Are you a _____?

5. 아시아 경제는 **활력**으로 가득 차 있다.

The Asian economy is filled with _____.

6. 나는 믿음이 **약하다**.

I am _____ in faith.

7. 그는 **증인** 심문을 시작했다.

He began to question the _____.

8. **양보**가 때로는 성공의 최상책이다.

_____ is sometimes the best way of succeeding.

---

1. vacant   **2.** validity   **3.** value   **4.** vegetarian
5. vitality   **6.** weak   **7.** witness   **8.** Yielding